Polvere dei Suoi piedi

Volume 2

Polvere dei Suoi piedi

Volume 2

Riflessioni sugli insegnamenti di Amma

di

Swami Paramatmananda Puri

Mata Amritanandamayi Center, San Ramon, California, Stati Uniti

Polvere dei Suoi piedi – Volume 2
Riflessioni sugli insegnamenti di Amma
di Swami Paramatmananda Puri

Pubblicato da:
  M.A. Center
  P.O. Box 613
  San Ramon, CA 94583
  Stati Uniti

———————————— *The Dust of Her Feet 2 (Italian)* —————————

Prima edizione: aprile 2019

In Italia:
  www.amma-italia.it
  amma-italia@amma-italia.it

In India:
  www.amritapuri.org
  inform@amritapuri.org

Indice

Dedica

Rendiamo omaggio a
Sri Mata Amritanandamayi Devi,
la Madre dell'universo
che allontana l'infelicità dal mondo,
disperde le tenebre che avvolgono i suoi devoti
e si rivela come
la Coscienza eterna che dimora nel cuore,
Colei che splende come la Verità trascendente,
sostrato di questo mondo e dell'aldilà.

Prefazione

Dal 1968 Swami Paramatmananda Puri vive una vita di rinuncia in India, dove si è trasferito all'età di diciannove anni per assimilare l'essenza spirituale della grande e antica cultura indiana. Nel corso degli anni, ha avuto la fortuna di vivere accanto a molti santi e saggi e nel 1979 ha incontrato il suo Guru, Mata Amritanandamayi.

Durante il suo primo incontro con Amma, lo Swami le ha chiesto come avrebbe dovuto continuare la sua *sadhana* (pratica o insieme di pratiche spirituali, N.d.T.) e Amma ha risposto: "Diventa come la polvere sotto i piedi di tutti". Ecco da dove Swami Paramatmananda ha preso ispirazione per il titolo di questo libro.

Molti anni dopo, Amma ha chiesto allo swami - uno dei suoi discepoli di più lunga data - di ritornare negli Stati Uniti per servirla come responsabile del primo ashram in Occidente, il Mata Amritanandamayi Center in California, dal 1990 al 2001.

Numerosi residenti e visitatori del Centro ricordano ancora i discorsi di Swami Paramatmananda come grandi fonti di ispirazione. Raccontava delle sue esperienze in India, della sua comprensione degli insegnamenti di Amma e delle Scritture e anche del suo percorso spirituale. Con arguzia e senso dell'umorismo, ha proposto una sintesi tra Oriente e Occidente e creato un forum aperto a tutti attraverso il quale è possibile arricchire le proprie conoscenze spirituali.

Dal suo ritorno in India nel 2001, lo swami non ha più tenuto discorsi pubblici e molte registrazioni dei suoi *satsang* non sono ancora state pubblicate. Questo libro è un tentativo di condividere quel materiale e alcuni degli articoli che ha scritto dopo essere tornato in India.

L'editore
M. A. Center
1 settembre 2014

Capitolo 1

Il vero Guru

Quando andai a vivere con Amma, ero molto felice e in pace, o almeno così pensavo, ma una volta trasferito nell'ashram, molti pensieri e sentimenti negativi quali dubbi, collera e gelosia, iniziarono ad affiorare. Mi sembrava che Amma manipolasse le situazioni per far emergere il peggio in me e, di fatto, in ogni altra persona. Da un lato, la presenza divina di Amma mi faceva assaporare la beatitudine, dall'altro era estremamente doloroso sentirsi inquieti per la maggior parte del tempo. Molte volte ho desiderato lasciare l'ashram e ritornare nel villaggio tranquillo in cui avevo vissuto prima di venire da lei.

Riconoscevo tuttavia che Amma era un essere divino e probabilmente l'unica persona vivente in grado di guidarmi verso la meta. La sua forza di attrazione era innegabile, ma io avevo chiesto la pace e non la sofferenza!

Nei momenti di maggiore calma, compresi gradualmente che stava semplicemente uscendo ciò che era annidato in me. Forse in passato avevo già pulito la mente in superficie, ma Amma voleva raggiungere i miei recessi più bui per scacciare i fantasmi che vi si nascondevano. Nella vita spirituale esiste una regola d'oro: ciò che teniamo dentro deve affiorare prima di poter gustare la vera pace e la vera beatitudine. Prima di guarire, bisogna vomitare il veleno ingerito in passato. Amma non può riempirci di beatitudine se il ricettacolo della mente è sporco. Come potevo quindi svuotarlo completamente? Sicuramente non da solo. In un modo o nell'altro, bisogna che le circostanze facciano affiorare le negatività più profonde per poter essere viste e affrontate coscientemente. Questo è uno dei compiti del Guru: portare alla luce ciò che dimora in noi.

Per pulire una bottiglia molto sporca è necessaria una spazzola dura.

Ecco quello che dice Amma a riguardo:

"Il Guru creerà al discepolo sofferenza e ostacoli che dovranno essere superati grazie a una *sadhana* intensa. La spiritualità non è per i pigri. Le difficoltà che sopraggiungono a livello sottile sono più intense rispetto alle amarezze causate dal mondo. Chi consacra interamente la sua vita al *Satguru* non ha nulla da temere".

Stando accanto a un vero Guru, impariamo cosa rifiutare o coltivare nella mente e in ogni nostra azione. Il suo esempio diventa il modello da seguire, la nostra ispirazione, sebbene non ci dobbiamo fermare qui: è necessario realizzare che ogni situazione che si presenta nella vita è gestita dal Maestro per la nostra evoluzione spirituale.

La natura è al servizio del Guru, che la utilizza per elevarci spiritualmente. Ogni cosa che ci accade è un'opportunità per progredire nel cammino spirituale perché il fine ultimo della nascita umana è realizzare il Sé. Se si sviluppa questo atteggiamento, si è già a metà strada. Ma non è facile riuscirci. Siamo così presi dalle attività esterne come mangiare, esprimere la propria sessualità, socializzare, guadagnare, ecc., da diventare come dei pesci incapaci di vedere l'oceano, assillati dal pensiero di mangiare e non essere mangiati.

La storia del Maestro nascosto

Dopo aver studiato testi spirituali per molti anni, un devoto sentì che era giunto il momento di mettersi in viaggio per cercare di fare l'esperienza diretta della Realtà.

"Andrò in cerca del Maestro nascosto che dicono dimori nel mio Sé più profondo", si disse.

Mentre usciva di casa, incontrò un *sadhu* che camminava faticosamente sulla strada polverosa e lo affiancò, aspettando che gli rivolgesse la parola.

Infine il *sadhu* gli chiese: "Chi sei e dove stai andando?".

"Sono un cercatore spirituale, in cerca del Maestro nascosto".

"Camminerò con te" disse il *sadhu*.

"Mi puoi aiutare a trovarlo?"

"Dicono che il Maestro nascosto risieda nel Sé dell'essere umano e che il modo per scoprirlo dipenda da cosa l'uomo fa delle sue esperienze. È qualcosa che non è possibile spiegare completamente".

Nel frattempo giunsero vicino a un albero che scricchiolava e ondeggiava. Il *sadhu* si fermò. "L'albero sta dicendo che c'è qualcosa che lo ferisce e chiede se possiamo fermarci e rimuoverlo in modo che possa trovare sollievo".

"Ho troppa fretta", rispose l'uomo, "e, dopotutto, com'è possibile che un albero parli?"

Proseguirono così il cammino.

Dopo qualche chilometro, il *sadhu* disse: "Quando eravamo vicini all'albero mi è sembrato di sentire il profumo del miele.

Forse delle api selvatiche hanno costruito un alveare nel suo tronco".

"Se quello che dici è vero, torniamo subito indietro per raccoglierlo. Potremo mangiare il miele e venderlo per guadagnare qualche soldo per il nostro viaggio".

"Come vuoi", disse il *sadhu*.

Quando si avvicinarono all'albero, videro altri viandanti intenti a raccogliere enormi quantità di miele.

"Che fortuna!", si dicevano, "C'è abbastanza miele per un'intera città. Siamo poveri pellegrini, ma adesso possiamo diventare venditori di miele. Il nostro futuro è assicurato".

A queste parole, il *sadhu* e il suo nuovo amico proseguirono per la loro strada.

Giunsero infine a una montagna dal cui versante proveniva un mormorio. Il *sadhu* appoggiò l'orecchio a terra e poi disse: "Sotto di noi ci sono milioni di formiche che stanno formando una colonia. Questo mormorio è una richiesta di aiuto e nella loro lingua ci stanno dicendo: 'Aiutateci, aiutateci! Stiamo scavando, ma ora siamo di fronte a strane pietre che bloccano il cammino. Aiutateci a toglierle! Ci fermiamo ad aiutarle o hai fretta di andare avanti?".

"Fratello, le formiche e le pietre non sono affari nostri", esclamò il devoto, "Ad ogni modo, per quanto mi riguarda, io sto cercando il mio Maestro".

"Molto bene, fratello", rispose il *sadhu*, "si dice comunque che ogni cosa sia interconnessa e questa situazione potrebbe riguardarci in qualche modo".

Il giovane non prestò attenzione a quanto mormorava il vecchio e continuarono il cammino. Quando si fermarono per la notte, il ragazzo si accorse di aver perso il coltello. "Devo averlo lasciato cadere vicino al formicaio", disse, e così il mattino seguente tornarono sui loro passi.

Arrivati al formicaio, non trovarono alcuna traccia del coltello. Videro invece un gruppo di persone infangate vicino a un mucchio di monete d'oro.

"Queste monete sono il tesoro nascosto che abbiamo appena trovato scavando. Eravamo in cammino quando un vecchio sant'uomo, dall'aspetto fragile, ci ha chiamato e ci ha detto: 'Scavate in questo punto e troverete ciò che alcuni chiamano pietre e altri oro'".

Il giovane esclamò: "Dannazione! *Sadhu*, se ci fossimo fermati ieri sera saremmo diventati ricchi".

"Forestiero", dissero quelle persone, "il *sadhu* che ti accompagna assomiglia stranamente a colui che abbiamo visto la notte scorsa".

"Tutti i *sadhu* si assomigliano", commentò il saggio.

Continuando il viaggio, dopo qualche giorno arrivarono in un posto bellissimo, sulla sponda di un fiume. Il *sadhu* si fermò. Mentre aspettavano il battello, un pesce affiorò più volte in superficie boccheggiando.

"Quel pesce", spiegò il *sadhu*, "ci sta inviando un messaggio. Ci sta dicendo: 'Ho ingoiato una pietra, pescatemi e datemi da mangiare una certa erba che mi farà vomitare il sasso che ho ingerito, così potrò finalmente stare meglio. Viandanti, abbiate pietà di me!'"

In quell'istante arrivò il battello e il giovane, impaziente di proseguire, spinse il *sadhu* a imbarcarsi. Il battelliere fu grato per gli spiccioli che gli diedero e, arrivati sull'altra riva, i due poterono dormire meravigliosamente in un rifugio per i pellegrini dove servivano anche il tè.

Al mattino, mentre sorseggiavano il tè, arrivò il battelliere. "Ieri è stato il mio giorno fortunato", esclamò esultante, "I pellegrini mi hanno portato fortuna". Poi baciò la mano del venerabile *sadhu* per ricevere la sua benedizione. "Te la meriti, figlio mio", disse il sant'uomo.

Adesso il battelliere era un uomo ricco. Ecco cos'era successo: stava per rientrare a casa alla solita ora quando scorse due uomini sull'altra riva; decise di traghettarli e ricevere così la benedizione per l'aiuto offerto. Mentre stava per ormeggiare il battello, vide un pesce che si era gettato sulla riva e cercava d'ingoiare una pianta. L'uomo lo aiutò mettendogliela in bocca. Immediatamente il pesce vomitò una pietra e saltò di nuovo in acqua. La pietra era un enorme diamante, di grande purezza ed inestimabile valore e brillantezza.

"Sei un demonio!", urlò il giovane al *sadhu*, "Grazie a qualche tuo potere occulto sapevi di quei tre tesori, ma non mi hai mai detto nulla. Ti sembra di esserti comportato da vero amico? Ero già molto sfortunato prima d'incontrarti, ma senza di te non avrei mai saputo quante occasioni possano nascondersi negli alberi, nei formicai, nei pesci e in ogni cosa!"

Non appena ebbe pronunciato quelle parole, gli parve che un forte vento emerso dalla profondità della sua anima soffiasse su di lui e capì che la verità era l'esatto contrario di quello che aveva appena detto.

Il *sadhu* lo toccò leggermente sulla spalla e sorrise: "Ora, fratello, capisci che puoi imparare dalle tue esperienze. Io sono colui che è agli ordini del Maestro nascosto".

E a partire da quel giorno il ricercatore spirituale fu noto con il nome di "Colui che ha compreso".

Capitolo 2

L'amore e la conoscenza

Viviamo nell'era della tecnologia. Un tempo, la vita era molto semplice e in alcuni luoghi lo è ancora. Le persone vivevano con semplicità, senza l'energia elettrica, e svolgevano sufficiente esercizio fisico con le normali attività quotidiane. Erano vicini alla natura e ne conoscevano i ritmi. Credevano nell'esistenza di Dio e avevano fede in Lui. I loro piaceri erano semplici e innocenti e le loro menti possedevano qualità nobili come l'umiltà, la pazienza e lo spirito di sacrificio.

Poi sono arrivate l'elettricità e la tecnologia. Guardate qual è la tendenza attuale: la gente è molto orgogliosa e dove c'è orgoglio ci sono collera e impazienza. Le persone hanno bisogno di cose sempre nuove, diverse, e la TV, Internet e altri passatempi occupano tutto il loro tempo libero. L'egoismo spietato e la crudeltà continuano ad aumentare, e nessuno è in grado di arginare l'ondata di violenza. Dall'infanzia siamo bombardati da falsi ideali di violenza, collera, potere, status sociale e da un'idea di sessualità priva di regole.

Di per sé, la tecnologia non è un male, ma invece di servircene solo per ottenere efficienza, comfort e piacere, dovremmo impiegarla anche per trasmettere valori nobili alle persone. Basta osservare come ci si senta dopo aver visto un film edificante. L'effetto può durare molte ore e persino giorni. Un libro ispirante può cambiare la nostra vita e, se adesso l'abbiamo tra le mani, è grazie all'invenzione della stampa.

In generale, però, la tecnologia ha prosciugato le buone qualità della maggior parte di noi e ci ha reso troppo intellettuali. Dipendiamo dall'intelletto per ogni cosa, abbiamo bisogno di sapere il perché e il come di tutte le cose. Se l'intelletto non è soddisfatto, la fede si indebolisce o viene a mancare. Abbiamo guadagnato sul piano materiale, ma su quello spirituale abbiamo perso moltissimo. Per poter essere duratura e soddisfacente, la felicità deve dimorare nel cuore e non nella testa. Potremmo paragonarla alla differenza tra il conoscere tutti gli ingredienti di una pietanza deliziosa e il mangiarla.

Come dice Amma:

"Nel mondo d'oggi le persone danno più importanza all'intelletto che al cuore, e questo cambiamento non è molto incoraggiante. Possiamo raggiungere il Regno di Dio solo se abbiamo un cuore innocente e aperto. Ciò non significa che l'intelletto non abbia alcun ruolo in questa fioritura interiore. Abbiamo bisogno sia della testa che del cuore; ognuno di essi ha una sua funzione nella nostra crescita. È grazie all'intelletto che possiamo discernere tra ciò che è giusto e ciò che non lo è, tra il reale e l'irreale, l'eterno e l'effimero; ma questa facoltà ha anche dei limiti, è come un paio di forbici la cui natura è quella di dividere e scartare.

L'intelletto non ha l'apertura e lo spazio necessario che ci permettono di abbracciare e accogliere ogni cosa. Se agiamo guidati solo dall'intelletto perderemo la dolcezza della vita. Per contro, il cuore è come un ago la cui natura è quella di cucire e tenere assieme i vari pezzi; accetta e unisce gli elementi più disparati e diversi e ci induce a guardare il lato buono delle situazioni e a rivestire di bontà ogni cosa.

Sia l'intelletto che il cuore sono necessari per condurre una vita armoniosa e raggiungere il nostro scopo ultimo, Dio. Dopo aver tagliato con le forbici un tessuto della misura e della forma corretta, usiamo un ago per cucire assieme i vari pezzi e confezionare una camicia, una camicetta o un vestito.

La nostra preghiera principale dovrebbe essere quella di poter sviluppare un cuore che gioisca della felicità altrui e ne condivida i dolori. I veri figli di Dio sono quelli che considerano come propri la felicità e il dolore altrui".

Con una mente dominata dall'intelletto, ci avviciniamo alla vita spirituale e ad Amma. In lei vediamo cosa significhi davvero avere un cuore completamente aperto e sentiamo quanto siamo aridi al confronto. Eppure il nostro intelletto, spinto dalle vecchie abitudini, continua a criticare e a giudicare, cercando di valutare e comprendere Amma invece di farsi avvolgere completamente dalla sua presenza. Potremmo persino perdere di vista il senso di starle accanto.

Conoscere Dio o amare Dio

Molti anni fa viveva un *pandit* che conosceva molto bene tutte le Scritture, ma questi testi sacri non riuscivano a soddisfare l'anelito del suo cuore. Ciò a cui aspirava era conoscere Dio nella Sua totalità. Non trovando alcun aiuto nelle Scritture, si recò in un posto solitario, lontano da luoghi frequentati da altri uomini, e costruì un eremo per dedicarsi interamente a conoscere Dio. L'uomo aveva pochissimi desideri e trascorreva il giorno e la notte sforzandosi di realizzare l'unico desiderio del suo cuore. Passarono giorni e mesi senza che arrivasse a una qualche comprensione del Divino.

Dopo anni, malgrado la sua perseveranza e il suo rigore, l'eremita era sempre ignorante. La giovinezza lasciò il posto a dei fili grigi tra i suoi riccioli bruni: l'enigma rimaneva però ancora irrisolto.

Un giorno, mentre camminava con aria abbattuta e pensierosa lungo la spiaggia, pensando ai suoi sforzi vani e chiedendosi se non fosse meglio lasciar perdere tutto, vide poco lontano un bambino in riva al mare. Sembrava molto occupato. Si disse che un pescatore aveva dovuto portare con sé il piccolo e poi l'aveva lasciato sulla spiaggia prima di uscire in mare. Non comprendendo il comportamento del padre, decise d'interrogare il bambino.

Ma il piccolo non si accorse della presenza del saggio, talmente era occupato a gettare con le sue manine l'acqua del mare sulla sabbia. Questo spettacolo insolito incuriosì moltissimo l'eremita, che iniziò a chiedergli chi fosse, perché gettava l'acqua a quel modo, dov'era suo padre e tante altre cose, ma il bambino non aveva tempo per rispondere, troppo assorto in quel compito apparentemente inutile.

Infine, per non essere più disturbato, disse al saggio una volta per tutte: "Signore, non ho tempo di parlare con lei. Non vede che devo togliere tutta l'acqua dell'oceano per prosciugarlo?".

"Sei matto?", esclamò l'eremita, "Tu, piccola creatura, vuoi prosciugare l'oceano infinito quando neppure l'umanità intera si sognerebbe di farlo?"

"Ma Signore, perché mi sarebbe impossibile svuotare questo oceano infinito e vedere cosa nasconde nelle sue profondità se per lei è possibile conoscere e svelare il mistero infinito di Dio?"

Dopo queste parole, il piccolo scomparve per sempre, ma le sue dolci parole erano penetrate nel cuore del *pandit* e risuonavano costantemente nelle sue orecchie, riempiendolo d'ineffabile gioia. Da allora l'eremita pose fine alla sua vana ricerca e, invece di cercare di conoscere Dio, cominciò ad amarLo.

Capitolo 3

Il distacco

Chi ha letto i libri che contengono i suoi insegnamenti, avrà certamente notato come Amma dia molta importanza al distacco. Potremmo avere l'impressione che lei inviti ciascuno di noi a diventare *brahmachari* (celibi) o *sannyasi* (monaci). In realtà non è così, ma desidera fortemente che ci sforziamo di conservare la pace, qualunque siano le circostanze che il destino ci presenta. Per la maggior parte di noi, ogni piccolo dissidio in casa o al lavoro è sufficiente per suscitare inquietudine o collera. Forse questo ci sembra un comportamento normale, visto che tutti si comportano così.

Tuttavia, Amma afferma che non c'è bisogno di essere turbati o tristi quando le circostanze cambiano, le cose non vanno nel modo desiderato o le persone non si comportano come vorremmo. Secondo lei, la nostra felicità non dovrebbe dipendere troppo da oggetti esterni o dalle persone. Nella mente di ogni essere vivente c'è un'unica fonte di gioia, che però non è visibile, un po' come il burro contenuto nel latte. Per ottenere questo tesoro dobbiamo impegnarci e, se ci riusciamo, nemmeno la malattia o la morte potranno togliercelo. Possedere stabilmente la calma interiore è il vero frutto della spiritualità.

Un giorno un re piuttosto sciocco si lamentò che il terreno accidentato feriva i sui piedi e ordinò di ricoprire tutto il regno con della pelle di mucca. Udendo l'ordine del re, il giullare di corte si mise a ridere ed esclamò: "Che idea folle, Vostra Maestà!

Perché questa spesa inutile? Per proteggere i Vostri piedi, ritagliate due solette di pelle di mucca!". Gli esseri risvegliati sanno che, per trasformare il mondo in un luogo privo di sofferenza, occorre cambiare il proprio cuore e non il mondo".

Nell'antica India viveva un principe chiamato Sri Rama. La storia della sua vita è narrata nel *Ramayana* e, per chiunque aspiri alla felicità duratura e alla pace, quest'opera ha un valore eterno. Sri Rama era il favorito dei suoi sudditi e di suo padre. Il re decise di nominarlo principe reggente, l'erede al trono. Quando apprese la notizia, Rama sorrise dolcemente.

La sera prima dell'incoronazione, una delle spose del re, la matrigna di Rama, insistette perché fosse incoronato suo figlio e Rama venisse esiliato nella foresta per quattordici anni! Il mattino seguente, giorno dell'incoronazione, con grande trepidazione Rama fu informato della nuova decisione del re.

Con un dolce sorriso, il giovane si ritirò con gioia nella foresta dicendo di essere molto fortunato a poter passare tanto tempo a contatto della natura e in compagnia dei saggi che vivevano nei loro eremi silvestri. Rama non esultava di fronte ad avvenimenti piacevoli e non si abbatteva quando invece erano spiacevoli, manteneva sempre la sua equanimità mentale.

Guardate la vita di Amma: ha dovuto affrontare così tanti ostacoli e difficoltà, eppure non si è mai sottratta neppure davanti alle circostanze o responsabilità più difficili. Amma è veramente il guru di ogni essere umano; sa per esperienza cosa sia la sofferenza.

Oggigiorno Amma non deve affrontare più i problemi che ebbe in passato, è molto conosciuta e rispettata in India, ma adesso ha moltissime responsabilità: gestisce orfanotrofi, ospedali, scuole, istituti d'informatica, università, ashram e templi, e in tutto il mondo centinaia di migliaia di devoti si aspettano che lei li guidi e li protegga. Ciò nonostante, irradia una pace costante e immutabile, a prescindere da cosa le accada intorno. Come riesce a compiere tutto questo senza provare mai inquietudine? Non considerando nulla come suo e ritenendo che tutto è di Dio. Questo non significa essere indifferenti, ma avere un atteggiamento di distacco. Amma svolge ogni sua azione nel modo più perfetto possibile, come amministratrice del Divino, percependo al tempo stesso che tutto è la Sua Volontà. Noi possiamo essere solo strumenti.

L'equanimità emozionale, frutto del distacco

Nell'antica città indiana di Ayodhya c'era un mendicante che viveva in una capanna costruita con sacchi di iuta ai bordi della strada e andava di negozio in negozio a elemosinare qualche spicciolo dai mercanti. L'uomo portava con sé una vecchia lattina d'olio arrugginita, trovata in un mucchio di rifiuti. Mossi a pietà, alcuni negozianti gli regalavano alcune monetine ogni volta che passava e lo chiamavano il mendicante con la lattina d'olio. Egli li benediceva ed era felice quando aveva abbastanza denaro per acquistare un po' di cibo. Altri mercanti, però, non volevano essere infastiditi, lo insultavano e lo scacciavano. Lui allora si deprimeva e li malediceva. Così, il poveretto viveva infelice, tra alti e bassi.

Un giorno, durante il suo consueto giro, arrivò un'auto da cui scesero quattro uomini in uniforme che si diressero verso di lui. Impaurito, l'uomo cominciò a fuggire, ma essi lo rincorsero e alla fine, con suo grande disappunto, riuscirono ad acciuffarlo. Il mendicante li pregò di lasciarlo andare perché non aveva rubato nulla né fatto mai male a nessuno, ma i quattro ignorarono le sue suppliche e lo fecero salire in auto. L'uomo non sapeva chi fossero e cosa volessero da lui, ma pensando che almeno era stato fortunato a non essere picchiato, non si ribellò. Poco dopo arrivarono davanti a un palazzo e scesero dall'auto. Lo condussero in una stanza, gli tolsero la lattina arrugginita e i suoi stracci e, dopo avergli fatto fare un bagno nell'acqua profumata, lo vestirono con abiti regali. Poi lo portarono nella sala dei banchetti e gli offrirono un pasto delizioso, come non aveva mai avuto nella sua vita. Mentre usciva dalla sala si ricordò della sua lattina d'olio e cercò di ritornare nel bagno dove l'aveva lasciata, ma i servi gli sbarrarono la strada. Seccato, esclamò: "Sentite un po', perché mi avete tolto l'unica cosa che possedevo? Ho apprezzato tantissimo il pranzo squisito che mi avete offerto e i vestiti, ma ora voglio andarmene. Quindi vi prego di restituirmi subito i miei stracci e la mia lattina d'olio in modo che possa partire". I servi risposero: "Buon uomo, c'è una sorpresa per lei. I suoi giorni fortunati sono iniziati. Se aspetta ancora un attimo, capirà perché la stiamo trattando così". Lo condussero allora in una sala dov'era radunata la corte: appena lo videro, tutti si alzarono e si inchinarono a lui.

Sorpreso, il mendicante pensò di stare sognando e si rivolse a loro dicendo: "Signori, non so perché vi stiate inchinando a me, ma questo vostro comportamento mi sta facendo ammattire". Il primo ministro rispose: "Maestà, voi siete l'erede al trono. Ora concedeteci l'onore di sedervi sul trono". Il mendicante replicò: "Vi state sbagliando, io sono solo un mendicante. Mi hanno portato qui con la forza, non sono il vostro re. Vi prego, lasciatemi andare a casa".

Allora i ministri dissero: "Altezza, non conoscete la vostra discendenza, voi siete l'erede legittimo al trono. Quando il nostro re morì senza avere avuto figli, cercammo l'erede diretto nella famiglia reale e dopo indagini approfondite scoprimmo che un lontano parente del re era caduto in un'imboscata mentre attraversava la foresta con la moglie e il loro unico figlio, ed era stato ucciso assieme alla sua sposa da alcuni ladri. Solo il loro bambino era stato risparmiato e abbandonato al suo destino. Il piccolo aveva un neo sull'orecchio sinistro e una cicatrice sul piede destro. Qualche giorno dopo, il re venne a conoscenza del delitto e fece cercare il bambino, ma senza successo.

Il sovrano è morto recentemente e anche noi abbiamo fatto il possibile per scoprire il suo erede e tutti gli indizi ci hanno portato a voi. Per nostra grande fortuna abbiamo ritrovato l'unico membro sopravvissuto della famiglia reale. Accettate dunque la nostra offerta e governate con giustizia il Paese".

Gli anni passarono e l'uomo regnò felicemente. Un giorno, mentre camminava nel palazzo, vide un armadio chiuso a chiave che non aveva mai notato prima. Chiese la chiave e lo aprì: al suo interno, c'erano la sua vecchia lattina d'olio e i suoi stracci. Gli venne allora un'idea balzana. Chiuse l'armadio e tenne la chiave.

Il giorno seguente prese la lattina e i vecchi abiti e li mise in una valigia, poi disse al suo autista di portargli l'auto e lo lasciò libero per l'intera giornata. Salì in macchina con la valigia e si diresse verso la città dove era solito mendicare. Quando giunse alla periferia, fermò la macchina e si cambiò d'abito. Con la lattina in mano, l'ex mendicante camminò per la città, ripercorrendo le vecchie strade.

Alcuni riconobbero il mendicante di un tempo e gli diedero delle monetine, altri lo insultarono e lo scacciarono. Eppure tutto questo non lo colmava di gioia né lo avviliva. Sapeva di essere, in realtà, il re del Paese. Dopo aver trascorso una giornata ad elemosinare, tornò alla reggia e continuò ad adempiere le sue responsabilità regali.

Questo è lo stato di chi ha raggiunto la Perfezione. Costui ha conquistato la mente e vive con equanimità. Sapendo di essere la Beatitudine infinita, non è toccato dai piaceri e dai dolori della vita, e le gioie e dispiaceri apparenti sono soltanto onde superficiali che solcano la calma eterna del suo vero Sé. Ha utilizzato ogni circostanza per stabilirsi ancora più profondamente in questo stato imperturbabile. Questa è la meta che Amma ci indica. Lei è l'esempio perfetto e lampante di ciò che insegna.

Capitolo 4

L'unione con Dio

Da ogni parte del mondo, decine di migliaia di persone di tutte le età e percorsi di vita si recano da Amma. E sebbene ognuno arrivi con i propri desideri, aspirazioni, bisogni o paure, in fondo, lei mostra loro lo stesso obiettivo: conseguire la felicità eterna. La sua presenza e vicinanza ci offrono un tenue barlume di quella beatitudine.

Amma soddisferà la maggior parte dei nostri desideri se ha la sensazione che saranno positivi per noi anche nel tempo ma, in sostanza, vuole che andiamo oltre e superiamo le nostre paure per gustare lo stato beatifico del *samadhi*. Lei sa che ognuno di noi, chiunque sia, può accedere a quel sublime piano dell'esistenza. Non dissuade chi cerca di soddisfare i propri desideri o di avere successo nel mondo, sebbene affermi che, alla fine, solo il *samadhi* placherà la sete dell'anima. Forse abbiamo l'impressione che per la maggior parte di noi sia impossibile raggiungere un tale stato e siamo soddisfatti della nostra condizione umana. Ci bastano qualche briciola di piacere e non troppe preoccupazioni.

Tuttavia Amma dichiara che noi siamo un tutt'uno con Dio, l'Oceano di Beatitudine, anche se adesso non ne siamo consapevoli. La sua missione nella vita è di risvegliarci a questa verità, non importa quanto tempo richieda. Lei vede il Divino in noi, proprio come uno scultore vede una bellissima statua nella pietra grezza.

Nel seguente canto, *Ananda Veethi*, Amma ci indica chiaramente qual è la missione che la Madre Divina le ha assegnato:

"Ci fu un tempo in cui la mia anima danzava deliziata sul sentiero della beatitudine. Allora tutti i nemici interiori, come l'attrazione e l'avversione, fuggirono nascondendosi nei più remoti recessi della mia mente.

Dimenticando me stessa, mi fusi in un sogno dorato emerso dentro di me. Nobili aspirazioni si manifestarono con chiarezza nella mia mente.

La Madre Divina dell'universo mi accarezzò il capo con le Sue mani splendenti e gentili. Rimasi lì rispettosamente, a capo chino, e dissi alla Madre Divina che la mia vita era solo per Lei.

Oggi fremo di beatitudine ricordando le parole della Madre. O Pura Coscienza, incarnazione della Verità, vivrò onorando le Tue parole!

Sorridendo, Lei divenne un meraviglioso splendore e si fuse in me. Eventi di milioni di anni passati affiorarono in me.

La Madre mi disse di chiedere alle persone di portare a compimento lo scopo della loro vita umana. La mia mente sbocciò come un fiore, immersa nella luce multicolore del Divino.

Da allora, non percepisco più nulla di diverso o di separato dal mio Sé interiore; ogni cosa è un'indivisibile unità. Diventando una cosa sola con la Madre Divina, ho rinunciato ad ogni forma di piacere.

'O uomo, fonditi nel tuo Sé!' Questa verità sublime, pronunciata dalla Madre, la proclamo al mondo intero. Che io possa essere rifugio e consolazione per chi è travolto da innumerevoli sofferenze!

Migliaia e migliaia di *Yogi* sono nati nella terra di *Bharat* (India) e hanno vissuto secondo i principi intuiti dai grandi saggi del passato. Per rimuovere il dolore dell'umanità, vi sono verità profonde. 'Mia cara figlia, vieni a Me, lasciando ogni altra cosa. Tu sei eternamente mia'".

Sebbene il consiglio di Amma possa sembrare superiore alle nostre forze, dovremmo proseguire il pellegrinaggio della vita avendo fede in lei e ritornare al beatifico stato di unione con il Divino. Più di ogni altra cosa, la fede è la forza che lo rende possibile.

Il bruco e la farfalla

"Ti affiderò la cura dei miei poveri piccoli", disse una farfalla a un bruco silenzioso che passeggiava su una foglia di cavolo. "Vedi queste piccole uova", continuò la farfalla, "non so tra quanto si schiuderanno e io sto molto male. Se dovessi morire, chi si prenderà cura delle mie farfalline? Lo farai tu, bruco verde, che sei così buono e così dolce? Certo, non possono mangiare quello che mangi tu, è troppo grezzo. Al mattino bisogna nutrirle con della rugiada e del nettare di fiori e farle cominciare a volare un pochino. Povera me! Che peccato che tu non possa volare! Povera me, povera me! Mio Dio, non capisco come abbia potuto pensare di deporre le mie uova su una foglia di cavolo! Che posto per far nascere delle giovani farfalle! Vieni, prendi dalle mie ali questa polverina d'oro come ricompensa. Oddio, mi gira la testa! Dimmi, bruco, ti ricorderai cosa devi dar da mangiare?"

E con queste parole le ali della farfalla si afflosciarono e lei morì. Il bruco verde, che non aveva avuto la possibilità di rispondere "sì'" o "no", si ritrovò da solo accanto a quelle uova. "Ha scelto proprio una bella nutrice, quella povera farfalla!", esclamò, "e guarda cosa mi ritrovo tra le mani! Perché mai ha chiesto a una povera creatura strisciante come me di prendersi cura dei suoi piccoli così delicati! Sai quanto mi daranno retta quando sentiranno di avere le ali e potranno volare!"

Tuttavia la povera farfalla era morta, sulla foglia di cavolo c'erano le sue uova, e il bruco aveva un cuore tenero. Così, decise di fare del suo meglio. "Due teste sono meglio di una", si disse, "Chiederò consiglio a un animale saggio". Dopo aver riflettuto a lungo, decise di rivolgersi all'allodola. Pensava che, poiché volava molto in alto e nessuno sapeva dove andasse, doveva essere assai intelligente e conoscere tante cose.

Si dà il caso che proprio nel vicino campo di mais vivesse un'allodola. Il bruco le inviò un messaggio pregandola di andare da lui a parlargli. Quando l'uccellino arrivò, il brucò le raccontò tutte le sue difficoltà e le chiese come nutrire e allevare le farfalline.

"Forse potresti informarti e sapere qualcosa di più la prossima volta che volerai in alto" disse timidamente il bruco.

"Forse", rispose l'allodola e poi prese il volo, cantando nel cielo azzurro e luminoso: ora il bruco non poteva più udirla né vederla. Cominciò allora a gironzolare intorno alle uova della farfalla, mangiucchiando ogni tanto un pezzetto di foglia di cavolo.

Dopo un po', udì di nuovo la voce dell'allodola. Saltando quasi dalla gioia, vide che la sua amica stava dirigendosi verso il cespo di cavolo.

"Novità, novità, amico bruco!", cantò l'allodola, "ma probabilmente non mi crederai! Innanzitutto ti dirò cosa dovrebbero mangiare quelle piccole creature. Tu cosa pensi? Dai, indovina!"

"Rugiada e nettare di fiori, temo!", sospirò il bruco.

"Assolutamente no, mio caro amico," urlò l'allodola, "devi dar loro foglie di cavolo!"

"Mai e poi mai!", rispose il bruco indignato, "Prima di morire, la loro madre mi ha raccomandato di nutrirle con rugiada e nettare di fiori".

"La loro madre non sapeva nulla, ma perché mi chiedi d'informarmi e poi non ti fidi? Non hai né fede né fiducia. Cosa pensi che diventeranno quelle piccole uova?", chiese l'allodola.

"Di certo delle farfalle", rispose il bruco.

"Dei bruchi! E lo scoprirai presto!", cantò allodola. E poi volò via.

"Pensavo che l'allodola fosse saggia e gentile", si disse il bruco riprendendo a strisciare intorno alle uova, "ma ho scoperto che invece è sciocca e insolente. Forse questa volta è volata troppo in alto".

L'uccellino scese di nuovo e disse: "Ti voglio dire un'altra cosa: un giorno, anche tu diventerai una farfalla!".

"Disgraziata!", esclamò il bruco, "Ti stai prendendo gioco di me. Non sei solo stupida, ma anche crudele! Vattene! Non ti chiederò più nessun consiglio".

"Te l'avevo detto che non mi avresti creduto", gridò l'allodola.

"Credo a tutto quanto è ragionevole credere, ma dirmi che le uova della farfalla sono bruchi e che i bruchi inizino strisciando e poi spuntino loro le ali e diventino farfalle…! Allodola, neppure tu credi a simili sciocchezze, sai bene che è impossibile! Guarda il mio corpo lungo e verde e tutte le mie numerose zampe, e poi dimmi ancora che avrò le ali! Idiota!"

"Ehi bruco", esclamò l'allodola indignata, "ciò che viene dall'alto, io lo accolgo con fede".

"Cosa vorresti dire?"

"Lo accolgo con fede", ripeté l'allodola.

"Come posso imparare ad avere fede?", chiese il bruco. In quel momento sentì qualcosa muoversi lungo i fianchi. Si guardò intorno e vide otto o dieci piccoli bruchi verdi muoversi e già avevano fatto un buco nella foglia di cavolo! Erano usciti dalle uova della farfalla! Un senso di vergogna e di stupore riempì il suo cuore, seguito ben presto dalla gioia perché, se era stato possibile il primo miracolo, forse anche il secondo lo sarebbe stato.

L'allodola gli aveva insegnato una lezione sulla fede e, mentre si rinchiudeva nel suo bozzolo, il bruco si disse: "Anch'io un giorno diventerò una farfalla!"

Ma i suoi parenti pensarono che stesse perdendo il senno ed esclamarono: "Poveretto!"

Ecco alcuni versetti della *Bhagavad Gita* sulla fede:

La fede di ogni individuo è in accordo con la sua natura, o *Bharata*. L'uomo è definito dalla sua fede: com'è la fede di un uomo, così egli è.

– Cap. 17, v. 3

Ottiene la saggezza chi è pieno di fede, si dedica completamente a questo scopo e ha domato i sensi. Avendo acquisito la saggezza, raggiunge in breve tempo la Pace suprema.

           – Cap. 4, v. 39

Quando i nostri sforzi e la grazia di Amma daranno frutto, quale sarà la nostra esperienza? Ascoltate le parole di un *mahatma* che aveva realizzato la sua vera natura, la sua essenza.

"Non sono né un uomo né un dio, non sono un *brahmachari*, né un padre di famiglia né un *sannyasi*; io sono pura Coscienza.

Come il sole è la causa di tutti i movimenti terrestri, sono Io - il Sé onnipresente e cosciente - la causa dell'attività della mente e dei sensi.

Solo quegli occhi che sono aiutati dal sole sono in grado di vedere gli oggetti, non gli altri. La fonte dalla quale il sole deriva la sua forza è il mio Sé.

Come il riflesso del Sole sembra frammentato sulle acque agitate, ma perfetto su una superficie calma, così Io - il Sé cosciente - non posso essere riconosciuto da un intelletto agitato, mentre invece brillo nitido in colui che è calmo.

Come un cristallo trasparente assume il colore del suo sfondo rimanendo immutato e come la luna immutabile appare agitata quando si riflette su una superficie ondulata, così accade lo stesso a Me, la Realtà Suprema che pervade ogni cosa".

          – *Hastamalaka Stotra*

Questa è l'esperienza della realizzazione del Sé.

Capitolo 5

Avere l'innocenza di un bambino con il Guru

Amma sottolinea molto l'importanza di avere l'innocenza di un bambino nella vita spirituale. Anche Cristo ha detto qualcosa di molto simile:

"... se non diventerete come i bambini, non entrerete nel Regno dei Cieli. Perciò, chiunque diventerà piccolo come questo bambino, sarà il più grande nel Regno dei Cieli... Lasciate che i bambini vengano a me, non glielo impedite, perché loro è il Regno dei Cieli".

Matteo, 18, 1-5; 19, 13-15

Il Regno dei Cieli non è un luogo situato in alto, al di là delle nuvole, ma è lo stato di coscienza in cui si è tutt'uno con il Divino; può anche essere un piano reale dell'esistenza in cui dimorano le anime illuminate.

Cercate di ricordare quando eravate bambini: qual è la differenza principale tra allora e adesso? I bambini credono innocentemente a tutto ciò che si dice loro, sono spensierati, vivono nel presente e i loro sentimenti negativi hanno una breve durata. Traboccano di vitalità e vedono ogni cosa che li circonda come piena di vita. Le loro idee su Dio sono, a dir poco, innocenti e creative.

Come un bimbo di sei anni vede Dio

"Uno dei compiti principali di Dio è creare le persone: le fa per metterle al posto di quelle che muoiono, così c'è abbastanza gente che possa occuparsi delle cose sulla Terra. Lui non fa gli adulti, fa solo i bambini, perché sono più piccoli e più facili da fare. In tal modo non deve perdere tempo prezioso a insegnargli a camminare e a parlare, può lasciarlo fare alle mamme e ai papà. Mi sembra che funzioni piuttosto bene.

Il secondo compito principale di Dio è ascoltare le preghiere che sono davvero un sacco perché alcuni, come i sacerdoti e così via, non pregano solo prima di andare a dormire, e poi il nonno e la nonna pregano ogni volta che mangiano, eccetto quando ci sono gli spuntini. È per questo che Dio non ha tempo di ascoltare la radio o guardare la TV. Poiché Dio sente tutto, deve avere tantissimo rumore negli orecchi, a meno che non abbia trovato un modo per abbassare il volume.

Dio vede e sente ogni cosa, è dappertutto e tutto questo lo tiene molto occupato, quindi non dovreste fargli perdere tempo chiedendo cose che non sono importanti o chiedere, dietro le spalle dei genitori, cose alle quali vi hanno detto di no, perché tanto non funziona".

The Joyful Newsletter

Quando giungiamo da un maestro realizzato come Amma, lei compie molti sforzi per portare alla luce il nostro lato innocente. Come si diventa innocenti? Non è che non lo siamo, l'innocenza è già presente in noi, ma è nascosta dietro la facciata della collera, dell'orgoglio, della concupiscenza, dell'ambizione e di altri tratti della personalità degli "adulti". Perché possa brillare l'innocenza, queste imperfezioni devono sparire. Il sole c'è sempre, anche quando il cielo è coperto di nubi. L'innocenza è la nostra natura reale; in verità noi siamo bambini di Dio ma, senza volerlo, siamo diventati bambini dell'*uomo*. Amma ha dedicato la sua vita a risvegliare la nostra vera natura. In effetti, è sufficiente trascorrere un po' di tempo con lei per diventare più innocenti. La sua presenza è come il sole che, asciugandola, fa sparire l'umidità. Amma avvizzisce i nostri lati negativi per portare alla luce il "bambino interiore". Quando siamo con lei proviamo sollievo e ci sentiamo rigenerati.

Amma sa che lo stare con lei è solo il primo passo verso la riconquista della nostra innocenza. Sia se le stiamo fisicamente vicini sia se siamo lontani da lei, lavora direttamente su di noi e la nostra vita viene trasformata in modo tale che la mente si libera dalle impurità che la ricoprono. Abbiamo ingerito il veleno della negatività e ora dobbiamo vomitarlo per consentire alla purezza di splendere. Se vogliamo indurre il vomito in una persona, dobbiamo farle bere molta acqua salata oppure infilarle un dito in gola. Allo stesso modo, Amma creerà nella nostra vita situazioni che faranno uscire il peggio di noi in modo che poi venga alla luce il meglio. Potremmo avere l'impressione che, dopo averla incontrata, la collera, la lussuria e l'orgoglio aumentino notevolmente e che la cattiva sorte ci abbia preso di mira. Pensavamo che vivendo con Amma avremmo sperimentato una beatitudine sempre crescente e invece cos'è successo? Quando vomitiamo qualcosa di malsano ci sentiamo a pezzi, ma in seguito cominciamo gradualmente a stare meglio. La fase della sofferenza che stiamo vivendo per grazia di Amma terminerà un giorno e lascerà posto alla beatitudine. Si tratta di un principio spirituale: prima la sofferenza, poi la beatitudine.

Come una madre tiene la mano del suo bambino che sta imparando a camminare, così Amma non distoglie mai il suo sguardo onnipresente di saggezza dai suoi figli, che si sforzano con zelo di percorrere il sentiero della realizzazione spirituale. Lei compirà il suo dovere verso di noi, ma la nostra fede non deve vacillare.

Amma ci porta in un territorio inesplorato. Nessuno conosce con esattezza la via seguita da un uccello nel cielo o da un pesce nel mare. Anche la vera spiritualità è così: la via è sottile e diversa per ognuno di noi, non è menzionata nei libri e la si può apprendere solo attraverso la grazia di un *mahatma*. In sostanza, si tratta di abbandonare l'ego, l'illusorio senso di individualità, alla volontà di Dio e del Guru per poter giungere alla meta indicata dal Maestro.

L'educazione moderna che abbiamo ricevuto può farci sembrare questo cammino in contraddizione con la nostra intuizione. La cultura attuale ci insegna a rafforzare con ogni mezzo la personalità. È davvero questo il modo per essere in pace e felici? Senza la pace interiore non è possibile essere felici. Ci sarà più facile comprendere questo percorso immaginando di essere, ad esempio, un'onda marina. L'oceano è Dio e l'onda una manifestazione dell'oceano. Sebbene l'onda non sia mai stata separata dall'oceano, sembra avere un'esistenza propria. In profondità l'oceano è sempre calmo, ma le onde in superficie sono in perenne movimento. Se l'onda potesse semplicemente immergersi, sperimenterebbe la sua unità con il resto dell'acqua e diverrebbe l'oceano stesso.

Un test del Guru

Bhai Gurudas era lo zio e il discepolo devoto di Guru Arjan appartenente alla religione *sikh*. Un giorno Gurudas compose i versi seguenti e li lesse al suo maestro:

> Se una madre è miscredente,
> non sta al figlio punirla.

> Se una mucca inghiotte un diamante,
> non bisogna aprirle il ventre.

> Se un marito è infedele, la moglie
> non deve emularlo o perdere la sua castità.

> Se una donna di un'alta casta beve vino,
> le persone non devono indignarsi.

> Se il Guru mette alla prova il suo discepolo,
> la fede del discepolo non deve vacillare.

Guru Arjan ascoltò con attenzione Gurudas mentre leggeva. Al termine, il Maestro pensò: "Tutto questo è più facile a dirsi che a farsi. Metterò dunque la sua fede alla prova". Rivolgendosi allo zio, disse: "Devo acquistare alcuni cavalli a Kabul. Puoi farlo per me?".

"Perché no? Certamente" rispose Gurudas.

Il Guru riempì allora molte borse con sterline d'oro. Il discepolo contò il denaro, sigillò le borse, le mise in solidi bauli di legno che caricò sui muli e poi, partendo dalla casa del maestro a Lahore insieme ad altri discepoli, iniziò il lungo e difficile viaggio verso Kabul. Infine, dopo aver attraversato il passo di Khyber, arrivarono a Kabul tra le montagne dell'Hindu Kush.

Nel grande mercato equestre di quest'antica città, contrattando con i mercanti, Gurudas riuscì infine ad acquistare i migliori esemplari disponibili che affidò poi ai suoi compagni, i quali avrebbero dovuto, in seguito, trasportarli lentamente a Lahore. Infine Gurudas chiese ai venditori di andare con lui per essere pagati. Arrivati alla sua tenda, gli disse di aspettare fuori mentre lui entrava a prendere l'oro.

Aprì alcuni scrigni e prese le borse, ma ebbe l'impressione che ci fosse qualcosa di strano: nell'aprire i sacchi, scoprì con orrore che erano tutti pieni di sassi invece che di oro. Conoscendo bene la ferocia dei mercanti di cavalli, si sentì pietrificare dalla paura e pensò: "Sono tutti qui fuori e aspettano il mio oro. Se non li pagherò mi faranno a pezzi". Dopo essersi scervellato a lungo, decise che il solo modo di sfuggire alla morte era fare un buco sul retro della tenda e fuggire da lì. Era talmente terrorizzato che non gli venne neppure in mente di pregare il suo guru e di chiedergli aiuto. Uscito dalla tenda, si mise a correre il più velocemente possibile. La sua vergogna era tale che, arrivato a Lahore, non volle andare dal suo maestro e proseguì per Kashi, situata centinaia di chilometri a est.

Nel frattempo gli altri membri del suo gruppo erano entrati nella tenda per capire come mai Gurudas impiegasse tanto tempo per pagare i mercanti. Videro gli scrigni aperti e i sacchi pieni d'oro, ma nessuna traccia del loro compagno. Si accorsero anche del buco in fondo alla tenda. Pagarono i mercanti e poi ritornarono a Lahore, dove raccontarono a Guru Arjan l'accaduto.

Una volta trasferitosi a Kashi, Gurudas cominciò a proclamare le grandi verità delle Scritture nei luoghi pubblici e presto attrasse una grande folla. Infine, persino il Governatore di Kashi si recò ad ascoltare ammirato quei magnifici discorsi.

Dopo qualche mese, Guru Arjan inviò una lettera al Governatore di Kashi in cui scriveva: "A Kashi c'è un ladro che mi ha derubato. Le scrivo per chiederle cortesemente d'imprigionarlo, di legargli le mani e di inviarmelo. Non le sarà difficile trovarlo. Legga semplicemente questa lettera nei luoghi di raduno pubblici o dove si tengono discorsi religiosi e il ladro stesso si farà avanti".

E, un giorno, questa lettera fu letta pubblicamente proprio dove Gurudas stava tenendo un discorso davanti a una grande folla. Appena udì il contenuto della lettera, egli si alzò e tra lo stupore generale dichiarò: "Sono io il ladro a cui si riferisce il Guru".

"È assolutamente impossibile che lei sia un ladro. Lei è un santo. Il ladro è certamente qualcun altro", protestarono i presenti.

Ma Gurudas insistette: "No, no, sono io il ladro, non c'è alcun dubbio. Vi prego, legatemi le mani per impedirmi di scappare".

Nessuno si fece avanti per farlo perché era impensabile legare un sant'uomo e trattarlo come un semplice malfattore. Allora Gurudas si sfilò il turbante e lo tagliò in due pezzi, che usò per legarsi le mani. Così legato, si diresse allegramente verso Lahore.

Quando infine arrivò e si presentò dinanzi al guru, quest'ultimo gli disse:

"Fratello, ti prego, leggi di nuovo i versi che mi avevi letto prima che ti chiedessi di andare a Kabul".

Ma Gurudas, la cui fede e amore erano stati messi alla prova attraverso amare esperienze, cadde ai piedi del maestro ed esclamò:

"Se una madre avvelena il proprio figlio,
chi lo salverà?

Se il custode s'introduce nella casa,
chi la proteggerà?

Se la guida inganna il viaggiatore,
chi gli mostrerà la giusta via?

Se il recinto comincia a invadere il campo,
chi salverà il raccolto?

E se perfino il Guru mette alla prova il discepolo,
chi lo aiuterà a rimanere saldo?"

Solo il *Satguru*, attraverso la sua forza spirituale e la sua grazia, può mantenere il discepolo risoluto e pieno di devozione nelle situazioni più difficili.

Capitolo 6

La bontà e l'egoismo

Amma dice: "Figli, se desiderate ottenere la liberazione, dovete rinunciare all'egoismo. Sforzatevi di ascoltare le pene di chi soffre". La maggior parte di noi non sa cosa Amma intenda per "liberazione". Di norma questo termine significa affrancamento o libertà dalla prigione, dalla schiavitù o dall'oppressione. Anche Amma attribuisce lo stesso significato, ma dandogli un senso più vasto: essere liberati da tutti i limiti di un'esistenza individuale. Forse non abbiamo le mani e i piedi incatenati e non siamo rinchiusi in una cella o in una stanza, ma la nostra mente non può che reagire esprimendo attrazione, repulsione o paura, che generano piacere, dolore o ansia a seconda delle circostanze. La maggior parte di noi ha pochissima pace mentale e sono sufficienti pochi istanti per distruggere anche quel briciolo che abbiamo. La nostra mente è irrequieta come una scimmia e dev'essere tenuta occupata in ogni momento, altrimenti ci annoiamo o ci addormentiamo.

Immaginiamo di aver investito molto denaro comprando delle azioni in borsa. Man mano che l'indice Dow Jones sale, anche la nostra gioia aumenta. Siamo al settimo cielo. Poi la Federal Reserve dà una brutta notizia e il mercato crolla, o il prezzo delle azioni della nostra azienda precipita, o un nostro concorrente ha la meglio. Forse il nostro capo ha cominciato a tormentarci. Prima di riuscire a rimediare alla situazione, abbiamo già perso un po' della nostra ricchezza e pace mentale e siamo divenuti tristi e costantemente preoccupati. È uno scenario che si ripete a ogni istante intorno a noi, ma non pensiamo mai che ci possa accadere la stessa cosa.

Molti anni fa ho conosciuto un devoto che perse tutto quando scoppiò la bolla tecnologica in borsa. Tuttavia, mentre alcuni si suicidarono, l'uomo fu in grado di mantenere la mente lucida grazie alla *sadhana* e agli anni trascorsi con Amma. Ecco un esempio lampante dei benefici concreti ottenuti seguendo gli insegnamenti di Amma sull'abbandono e sul distacco. È strano che una persona comune non impari una simile tecnica dai propri genitori o a scuola, ed è questo il motivo per cui Amma afferma che esistono due tipi di educazione: una per guadagnarsi da vivere e un'altra per sapere come vivere.

Persino delle circostanze futili possono sconvolgere molti di noi. Sono noti gli scoppi d'ira degli automobilisti. Oppure il proprio coniuge o un figlio o un amico ci fa aspettare e noi andiamo su tutte le furie; possiamo perfino metterci a inveire contro chi ci provoca un semplice fastidio. Comportandoci così, la vita finisce per diventare un inferno, per noi e per chi ci conosce.

Il segreto del paradiso e dell'inferno

Un vecchio monaco giapponese sedeva lungo la strada immerso profondamente in meditazione: aveva gli occhi chiusi, le gambe incrociate e le mani posate in grembo, una sopra l'altra. All'improvviso la sua meditazione fu interrotta dalla voce brusca e perentoria di un guerriero samurai: "Vecchio, insegnami il segreto del paradiso e dell'inferno!".

Inizialmente non ci fu nessuna risposta percepibile proveniente dal monaco, come se non avesse sentito, ma a poco a poco il religioso cominciò ad aprire gli occhi e l'ombra di un sorriso apparve agli angoli della bocca mentre il samurai aspettava in piedi fremendo, sempre più impaziente.

"Vuoi conoscere i segreti del paradiso e dell'inferno?", chiese infine il monaco, "Tu che sei così sciatto, che hai le mani e i piedi lerci, i capelli arruffati, il fiato puzzolente e una spada arrugginita e mal tenuta; tu, che sei brutto e hai una madre che ti veste in modo ridicolo, mi chiedi di rivelarti i segreti del paradiso e dell'inferno?"

Il samurai lanciò una terribile maledizione e poi estrasse la spada e la sollevò sopra la testa. Il suo viso era paonazzo e le vene del collo s'ingrossarono visibilmente mentre si preparava a mozzare la testa del monaco.

"Questo è l'inferno", disse gentilmente il vecchio monaco proprio nel momento in cui la spada stava per abbattersi su di lui.

In quella frazione di secondo il samurai fu sopraffatto dallo stupore, da un rispetto riverenziale, dalla compassione e dall'amore per quella creatura nobile che aveva osato rischiare la sua stessa vita per trasmettergli un tale insegnamento. Fermò la spada a mezz'aria e i suoi occhi si riempirono di lacrime di gratitudine.

"E questo", disse il monaco, "è il paradiso".

Maya, il potere universale dell'illusione divina, induce la nostra mente a guardare attraverso le finestre dei sensi e ci fa credere che la felicità si trovi all'esterno. Cerchiamo continuamente di alleviare l'inquietudine interiore e di soddisfare il bisogno di pace e di serenità plasmando le circostanze affinché ci apportino il massimo piacere, al quale poi ci aggrapperemo. A meno di non essere molto altruisti, specie rara in questi tempi, diventiamo egoisti e facciamo di tutto per preservare la nostra felicità anche a spese di quella altrui. Si tratta di un tipo di felicità molto fragile, che può crollare da un momento all'altro e svanire al mutare della sorte.

In apparenza abbiamo un certo grado di libertà ma molte volte, nonostante gli sforzi, la maggior parte delle cose non va come vorremmo. In definitiva, man mano che diventiamo vecchi o anche prima, la nostra salute si deteriora e moriamo. Quando arriva quel momento, nessun medico ci può aiutare. Il corpo e la mente sono soggetti alle leggi della natura. Non è uno scenario piacevole, la vita è piena di limitazioni che terminano con la morte.

Quando Amma parla di conseguire la liberazione, intende l'affrancarsi dalla necessità di reincarnarsi in tutte le vite che dovremo attraversare se non purifichiamo la mente. L'energia impiegata nella nostra costante ricerca della felicità ci fa passare attraverso numerose nascite finché, disillusi, volgiamo la mente all'interno per trovare il nostro vero Sé, la fonte della felicità, e dimorarvi per sempre. Questa è la liberazione, la liberazione dal *samsara* - il ciclo apparentemente senza fine di nascita, morte e rinascita - la meta sublime di questo pellegrinaggio della vita, intrapreso da tutti gli esseri viventi.

Per fare esperienza del nostro vero Sé non dobbiamo limitarci a compiere varie pratiche spirituali quali ripetere il mantra (*mantra japa*), meditare, cantare canti devozionali e studiare le Scritture, ma praticare anche la gentilezza, la pazienza e la compassione; in altre parole dobbiamo coltivare l'altruismo. In tal modo l'ego, o la personalità individuale con cui ci identifichiamo erroneamente, si purifica gradatamente e si espande, rivelando la nostra vera natura.

Pensiamo che saremo felici se siamo egoisti, ma ogni volta otteniamo il risultato opposto. Questo è il gioco di *maya*. Un atteggiamento egoista chiude il loto del cuore. Tutti hanno un cuore, inteso non come l'organo che pompa il sangue, ma come l'area del corpo in cui sentiamo la felicità e il dolore. Quando il cuore è chiuso e nelle tenebre, non proviamo né gioia né pace. Quando invece si schiude ed entra un raggio di luce, ci sentiamo felici e in pace. Più si apre, più la nostra vita si riempie di beatitudine e di pace. Il completo sbocciare del loto del cuore equivale ad avere realizzato il Sé. I pensieri e gli atti negativi dettati dalla collera, dall'impazienza, dall'egoismo, dalla vendetta e così via, lo chiudono sempre di più, mentre i pensieri positivi che esprimono affetto, pazienza, altruismo, abnegazione, perdono e condivisione, lo aprono.

Il grande saggio Patanjali ci indica quale atteggiamento adottare affinché il nostro cuore rimanga aperto:

"Coltivando un atteggiamento amichevole con coloro che sono felici, compassionevole con gli infelici, dilettandosi nella compagnia dei virtuosi e rimanendo indifferenti verso i malvagi, la mente mantiene indisturbata la sua calma".

Yoga Sutra, cap.1, v. 33

Possiamo aprire il cuore con le buone azioni, pronunciando buone parole e coltivando buoni pensieri. Non dovremmo mai, consapevolmente o inconsapevolmente, chiudere il nostro cuore e soffrire. Utilizziamo la formula "Apriti sesamo" della bontà. È una cosa semplicissima, non si tratta di una filosofia difficile da seguire. I *mahatma* sono più contenti quando compiamo buone azioni, rinunciando all'egoismo, che quando offriamo loro fiori, abiti e frutta o cantiamo *bhajan* (canti devozionali) e meditiamo.

Una storia sulla bontà

La Bibbia non ci dice quanti saggi o magi andarono a Betlemme seguendo la cometa quando nacque Gesù. Secondo la tradizione popolare, i Magi erano tre: Gaspare, Melchiorre e Baldassarre, ma esiste anche un'altra tradizione in cui si afferma che c'era un quarto Re Magio di nome Artaban.

Durante i preparativi per seguire la cometa, Artaban prese con sé uno zaffiro, un rubino e una perla di grande valore da donare al re appena nato. Mentre era in cammino cercando di raggiungere gli altri Magi, Artaban si fermò per prendersi cura di un viaggiatore molto malato. Se si fosse trattenuto a prestare soccorso, avrebbe rischiato di non presentarsi all'appuntamento con i suoi amici, ciò nonostante decise di non proseguire subito e così arrivò in ritardo alla partenza della carovana. A questo punto Artaban era solo e gli occorreva un mezzo di trasporto e delle provviste per attraversare il deserto. Cosi, sebbene fosse amareggiato al pensiero che il re non avrebbe mai ricevuto il suo dono, decise di vendere lo zaffiro per acquistare dei cammelli e altri articoli necessari.

Artaban continuò il viaggio giungendo infine a Betlemme, ma ancora una volta arrivò tardi: in tutta la città vi erano soldati intenti a eseguire l'ordine di Erode di uccidere tutti i neonati maschi. Artaban prese allora il rubino scintillante per corrompere il loro comandante e salvare i bambini del villaggio in cui si trovava. I piccoli si salvarono e le loro madri erano al colmo della gioia, ma purtroppo il re non avrebbe mai visto neppure quel rubino.

Per trentatré anni Artaban continuò a cercare il re senza nessun risultato. Giunse infine a Gerusalemme proprio nel giorno in cui erano programmate diverse crocifissioni. Si diresse subito verso il Calvario per cercare di corrompere la guardia romana regalandogli la perla preziosa che avrebbe salvato la vita a un uomo di nome Gesù. Aveva la sensazione che costui fosse il Re dei re, Colui che stava cercando da tutta la vita.

Proprio in quel momento, una giovane che stava per essere venduta al mercato degli schiavi lo supplicò di salvarla. Dopo una brevissima esitazione, Artaban donò il suo ultimo gioiello, la perla di grande valore, per riscattarla. A quel punto non aveva più nessuna delle pietre preziose che avrebbe desiderato offrire al re.

Arrivando sul luogo in cui si sarebbero svolte le crocifissioni, Artaban si sentì spezzare il cuore vedendo che non poteva fare nulla per aiutare Gesù. Ma fu allora che accadde qualcosa d'incredibile. Gesù lo guardò e gli disse: "Non affliggerti, Artaban. Tu mi hai aiutato per tutta la tua vita. Quando avevo fame, mi hai dato da mangiare, quando avevo sete, mi hai dato da bere, quando ero nudo, mi hai vestito e quando ero un forestiero mi hai accolto".

Qualcuno dice che Artaban non incontrò mai Gesù, altri dicono che lui fosse il più saggio dei Re Magi. Sono sicuro che Amma sia d'accordo con quest'ultima affermazione.

Aprire il loto del cuore è l'atto più difficile ma più gratificante che possiamo compiere perché strappa la radice dell'ego, distrugge l'egoismo. In questo consiste l'ascesi (*tapas*), la pratica spirituale (*sadhana*). Ascoltare pazientemente chi soffre senza provare irrequietezza o noia, dimenticare se stessi per confortare il prossimo è il cammino più alto di un'esistenza basata sull'altruismo, ed è ciò che Amma ci insegna a ogni istante del giorno e della notte.

Saremo in grado di seguire il suo esempio, almeno in piccola parte? Nulla ci impedisce di provare.

Capitolo 7

La pace è la nostra vera natura

Tutti noi desideriamo la pace interiore. I piaceri dei sensi, qualunque essi siano, finiranno per stancarci e a quel punto vorremo solo una cosa: la pace. Una persona ricca può godere di tutti i piaceri immaginabili ma, in definitiva, che sia il coniuge o l'amante o il partner, nessuno riuscirà a tenere sveglio chi è stanco e desidera godersi un buon sonno. Che cos'ha il sonno da rendercelo più prezioso di tutti gli altri piaceri sensoriali? In quello stato troviamo la pace, non c'è più né il soggetto né l'oggetto ma solo la beatitudine dell'unità.

Se perseveriamo nei nostri sforzi nella *sadhana* e non disperdiamo le nostre energie nel gratificare i sensi o immergendoci in troppi pensieri, allora la mente si calmerà gradualmente ed entrerà in uno stato meditativo, conservando la sua quiete anche se non mediteremo. Questa quiete è il vero inizio della vita spirituale.

Tutti gli sforzi spirituali che compiamo hanno lo scopo di concentrare la mente ed evitare che si disperda. La nostra vera natura è pace e non le svariate attività della mente come dimenticare, ricordare, desiderare, odiare, attrarre e respingere. Nemmeno i poteri spirituali, come conoscere il passato e il futuro, sono la nostra vera natura. Capire che la nostra essenza è la pace perfetta e rimanere in questo stato significa avere conseguito la liberazione, ovvero l'appagamento e la beatitudine suprema.

Finché non abbiamo raggiunto questa pace perfetta, ecco cosa ci suggerisce Amma:

"Affamate la mente, smettete di nutrirla con i pensieri. Attualmente continuiamo ad alimentarla con i desideri e i pensieri. Ormai è divenuta un'abitudine farlo e la mente crede che essi siano il cibo migliore. Dobbiamo porre fine a questa pratica. Bisogna che la mente sappia che, prima o poi, questi alimenti le causeranno "mal di stomaco"; deve imparare che i cibi sotto forma di pensieri e desideri sono nocivi e che ne esistono di più salutari e gustosi. Le diverse pratiche spirituali sono il nutrimento più delizioso e sano. Una volta assaggiato, dovreste alimentare regolarmente la mente con il Nome Divino, *japa* (ripetizione di un mantra), *dhyana* (meditazione) e altre pratiche spirituali. A poco a poco il desiderio di questo cibo spirituale aumenterà sempre più fino a diventare una fame insaziabile.

Figli, non dimenticate di recitare il vostro mantra. Praticare la *sadhana* è come scalare un'alta montagna: richiede molta forza ed energia. Gli scalatori utilizzano delle funi durante la loro ascensione. La vostra unica fune è il *japa*. Perciò, figli miei, cercate di ripetere il vostro mantra costantemente. Una volta raggiunta la vetta della realizzazione di Dio, potrete rilassarvi e riposare per sempre".

Ci sono molti modi per raggiungere questa meta eccelsa e, a questo proposito, Amma dice:

"Ogni persona è diversa dall'altra. Ognuno di noi è unico. Sebbene siamo soliti menzionare strumenti quali il *japa*, la preghiera e la meditazione per ottenere la pace interiore, ne esistono molti altri ancora. Taluni ricorrono all'arte, alla musica, alla danza o al teatro".

Il canto del cuore, un'offerta a Dio

A Cremona, intorno alla metà del 1600, c'erano tre ragazzi che vivevano nello stesso quartiere e si trovavano spesso per suonare assieme. I loro nomi erano Salvatore, Giulio e Antonio.

Salvatore aveva una bellissima voce da tenore e Giulio lo accompagnava con il violino mentre passeggiavano nella piazza della città. Anche Antonio amava la musica e avrebbe tanto desiderato cantare con loro, ma aveva una voce stridula, che ricordava il cigolio di una porta. Tutti i bambini lo prendevano in giro ogni volta che cercava di cantare. Ciò nonostante Antonio non era privo di talento. Il suo tesoro più prezioso era il coltellino da tasca che gli aveva regalato il padre e con il quale intagliava pezzi di legno, ricavandone oggetti molto belli.

Con l'avvicinarsi del grande festival annuale, le case e le strade della città cominciarono a essere adorne di bellissime decorazioni inneggianti la primavera. Indossando gli abiti più eleganti, la gente si riversava nelle strade. Un giorno, durante questa festa, Salvatore e Giulio decisero di dirigersi verso la cattedrale e suonare e cantare nella piazza affollata.

"Hai voglia di venire con noi?" chiesero ad Antonio, che sedeva nella veranda della sua casa intagliando un pezzo di legno, "Anche se non sai cantare, a noi farebbe piacere che ci accompagnassi".

"Certo, verrò volentieri", rispose Antonio, "la festa è molto divertente".

Mentre i fanciulli s'incamminavano verso il Duomo, Antonio ripensò al commento dei compagni sulla sua incapacità di cantare. Il suo cuore piangeva perché amava la musica quanto loro, anche se la sua voce era un po' stridula.

Arrivati nella piazza, Giulio iniziò a suonare il violino mentre Salvatore cantava con voce melodiosa. Le persone si fermavano ad ascoltare e la maggior parte di loro lasciava una moneta o due ai ragazzi che indossavano abiti molto dimessi. Un uomo anziano uscì dalla folla, si complimentò con loro e mise una moneta scintillante nella mano di Salvatore e poi sparì subito dopo tra la folla brulicante.

Salvatore aprì la mano e rimase senza fiato: "Guardate! È una moneta d'oro!". E per esserne proprio sicuro la strinse tra i denti. Tutti eccitati, i tre ragazzi si passavano continuamente la moneta per esaminarla. Alla fine furono tutti d'accordo: si trattava di una vera moneta d'oro.

"Beh, se lo può permettere", esclamò Giulio, "Sapete, è il grande Amati!"

"E chi sarebbe Amati? Perché è così grande?", chiese timidamente Antonio.

Gli altri due ragazzi si misero a ridere e dissero: "Non hai mai sentito parlare di Amati?".

"Certo che no", rispose Giulio, "Lui non sa nulla sui compositori, la sua voce è stridula e sa soltanto intagliare il legno". E poi soggiunse: "Per tua informazione, Antonio, Amati è un grande liutaio che fabbrica probabilmente i migliori violini di tutta Italia e persino del mondo e abita qui, nella nostra città".

Mentre tornava a casa quella sera, Antonio aveva il cuore pesante. Troppo spesso l'avevano preso in giro, deridendo la sua voce stridula e la sua passione d'intagliare. Così, il mattino successivo uscì di casa molto presto con il prezioso coltellino. Aveva le tasche piene degli oggetti che aveva realizzato: un grazioso uccellino, un flauto, diverse statuine e una barchetta. Era deciso a trovare l'abitazione del grande Amati.

Alla fine Antonio trovò la casa e bussò leggermente alla porta. Quando un servitore la aprì, il grande maestro sentì la voce stridula di Antonio e venne a vedere cosa volesse così di buon'ora.

"Le ho portato questo, signore", disse Antonio mentre svuotava le sue tasche di tutti gli oggetti che aveva intagliato, "Spero che gli darà un'occhiata e mi dica se ho abbastanza talento per imparare anche a costruire violini".

Amati prese con attenzione ogni pezzo e lo esaminò, poi invitò Antonio a entrare in casa e gli chiese: "Come ti chiami?".

"Antonio, signore".

"E perché vorresti costruire violini?", domandò Amati molto seriamente.

"Perché amo la musica", sbottò il fanciullo, "ma non so cantare perché la mia voce assomiglia al cigolio di una porta. Ha sentito come ieri cantavano bene i miei amici davanti alla cattedrale. Anch'io voglio far vivere la musica".

Amati si chinò in avanti e, guardando Antonio negli occhi, disse: "Ciò che conta di più è il canto del cuore. Ci sono molti modi di fare musica: alcuni suonano il violino, altri cantano, altri ancora dipingono quadri stupendi. Ognuno contribuisce aggiungendo altro splendore al mondo. Tu intagli il legno, ma il tuo canto sarà nobile come qualunque altro".

Queste parole rallegrarono moltissimo Antonio, che non dimenticò mai questo messaggio di speranza. In breve tempo il ragazzo diventò allievo del grande artista. Nelle prime ore del mattino si recava nella bottega di Amati dove imparava, ascoltava e osservava il maestro. Dopo molti anni, la fabbricazione di violini e delle settanta parti che li compongono non avevano per lui più nessun segreto. Quando Antonio compì ventidue anni, il maestro gli permise di firmare un violino che aveva costruito.

Antonio Stradivari passò il resto della sua vita a realizzare violini. Ne costruì oltre 1.100, sforzandosi di fare in modo che ognuno fosse migliore e più bello dell'altro. Oggi, chiunque possieda un violino di Stradivari ha un tesoro, un capolavoro che vale milioni di euro.

Forse non siamo aspiranti spirituali molto avanzati e neppure perfetti rinuncianti, ma se offriamo a Dio il nostro meglio, Lui lo gradirà.

Come dice il Signore Krishna nella *Bhagavad Gita*:

> "Quando qualcuno mi offre con devozione una foglia, un fiore, un frutto o dell'acqua, Io accetto questo dono offertomi con un cuore puro. Qualunque azione tu compia, qualunque cosa mangi, qualunque cosa offri in sacrificio, qualunque cosa doni e qualunque ascesi pratichi, fallo come un'offerta a Me, Arjuna. Così sarai liberato e verrai a Me".

Cap. 9, vv. 26-27

Capitolo 8

Lo scopo peculiare della nascita umana

Amma non ha peli sulla lingua quando parla dell'estrema importanza della vita e del valore della nascita umana. È solo dopo molte e molte nascite in forme inferiori di vita che l'anima s'incarna in un corpo umano. In tutte queste vite, compresa quella umana, siamo intenti a soddisfare quattro impulsi primordiali: fame e sete, sesso, paura e sonno.

Cosa c'è quindi di così speciale negli esseri umani? In quanto tali, siamo in grado di pensare a lungo termine, prendere decisioni in base alle conclusioni tratte e agire di conseguenza. Gli animali non ci riescono, sono programmati dalla natura o addestrati dall'uomo e non possono pensare e ragionare come noi. Gli esseri umani sono dotati di un intelletto in grado di discernere tra il bene e il male e di comprendere molte cose. Dobbiamo coltivare e sviluppare al massimo questo segno distintivo dell'umanità prima di morire. Ciò non significa acquisire necessariamente conoscenze intellettuali, ma conoscere la nostra natura eterna e farne l'esperienza, realizzare che noi siamo l'anima, la coscienza. Conoscere il Sé è il traguardo più elevato, la felicità più grande che possa ottenere un essere umano. Solo il genere umano possiede la capacità, acquisita grazie alle pratiche spirituali e al controllo dei propri istinti, di impegnarsi a trascendere la natura.

Ecco alcuni pensieri di Amma sull'argomento:

"Figli miei, questi corpi non sono eterni. Possono perire in ogni momento. Riceviamo una nascita umana solo dopo un'infinità di altre nascite. Se sprechiamo questa vita vivendo come animali, dovremo rinascere come animali prima d'incarnarci nuovamente in un essere umano".

Alcuni predicatori spirituali contemporanei affermano che l'insegnamento degli antichi saggi o *rishi*, secondo il quale un essere umano può rinascere in una forma di vita inferiore, non può essere vero. Suona troppo sgradevole! Tuttavia, i *rishi* e i testi sacri come la *Bhagavad Gita* ci dicono che, durante il lungo viaggio dell'anima o *jiva* verso la mistica unione con il Creatore, può capitare che l'anima faccia numerose deviazioni che la conducono a nascite inferiori o superiori a quella umana.

Se abbiamo chiaro qual è lo scopo dell'esistenza umana e abbiamo un piano d'azione o un organigramma, la nostra vita può prendere una direzione ben definita ed essere fruttuosa. Anche se non raggiungeremo in questa esistenza il nostro obiettivo, otterremo una nascita più favorevole nella vita seguente. Questo concetto è espresso con molta chiarezza in un illuminante dialogo tra il Signore Sri Krishna e il suo devoto Arjuna nel sesto capitolo della *Bhagavad Gita*, capitolo che dovremmo leggere con attenzione.

Arjuna disse:

"Non vedo come sia possibile attuare costantemente questo Yoga che mi hai insegnato e che si fonda sull'equanimità, o distruttore di Madhu, perché la mente è per natura irrequieta. La mente è, infatti, volubile, turbolenta, forte e ostinata, o Krishna. Credo che sia difficile da controllare, come lo è controllare il vento".

Il glorioso Signore disse:

"Indubbiamente, o guerriero dalle braccia possenti, la mente è irrequieta e difficile da controllare, ma la si può dominare con il distacco e con la pratica, o figlio di Kunti. Può essere difficile seguire questo Yoga per chi non osserva una disciplina interiore, ma chi è padrone di se stesso e s'impegna a fondo, usando i mezzi appropriati, può riuscirci".

Arjuna disse:

"Che cosa succede, o Krishna, a colui che non raggiunge la perfezione nello Yoga e che, pur avendo la fede, non riesce a controllare se stesso e a fissare la mente sullo Yoga? Confuso sulla via che porta a *Brahman*, senza alcun sostegno, avendo fallito in entrambi i cammini, o guerriero dalle braccia possenti, non perirà forse come una nuvola dispersa? Tu solo puoi dissipare completamente questo mio dubbio, o Krishna; nessuno, all'infuori di Te, è in grado di farlo".

Il glorioso Signore rispose:

"O Partha, costui non verrà distrutto né in questo mondo né nell'altro; in verità, nessuno che compie il bene, mio caro, incorrerà mai in un destino avverso. Avendo dimorato nel mondo dei giusti per innumerevoli anni, colui che ha fallito nello Yoga rinasce nella casa di persone virtuose e sagge. Oppure rinasce in una famiglia di saggi *yogi*; in verità, è difficile ottenere una tale nascita su questa terra. Lì, ritroverà la concentrazione interiore acquisita nella precedente incarnazione, che l'aiuterà a impegnarsi maggiormente sulla via della perfezione, o figlio dei Kuru. La sua pratica precedente lo porterà irresistibilmente a proseguire questo cammino, e già la sola aspirazione ad apprendere lo Yoga lo eleverà al di sopra del *Brahman* che si fa Parola (i Veda, N.d.T.). Ma lo *yogi* che si sforza con zelo, interamente purificato dai suoi peccati attraverso numerose nascite, realizza la perfezione e raggiunge infine lo Scopo supremo".

B.G., vv.33-45

Questi versi ci infondono molta speranza e conforto nella nostra vita spirituale. Quando noi devoti esaminiamo il nostro stato attuale, è naturale sentire che forse non arriveremo mai alla meta in questa esistenza e ci preoccupiamo del nostro destino e di come sarà la nostra prossima vita. I nostri sforzi saranno stati vani? Dovremo ripartire da zero? Sri Bhagavan ci dice di non preoccuparci. Nulla va perduto. I nostri sforzi sono come l'avere versato del denaro nella banca dell'eternità, che permane anche dopo la nostra morte e ci accompagna vita dopo vita. Saremo felici negli altri mondi e rinasceremo in circostanze che favoriranno la nostra evoluzione spirituale. Irresistibilmente, procederemo con maggiore intensità verso lo scopo ultimo.

L'uso del termine "irresistibilmente" è molto significativo. Potremmo paragonare *maya* alla forza di gravità che ci spinge sempre verso il basso anche se, la maggior parte delle volte, non ne siamo consapevoli. Ed è proprio *maya* la causa per cui le anime di questo mondo sono di solito restie a impegnarsi seriamente nel cammino spirituale. Quasi tutti gli esseri viventi sono occupati a soddisfare i loro desideri latenti ricercando il piacere ed evitando la sofferenza. Malgrado queste tendenze materialistiche, chi si è impegnato con zelo a conseguire la liberazione nelle vite precedenti, verrà indotto a sforzarsi ancora più intensamente per realizzare il Sé.

Secondo Amma, se qualcuno ha un progresso relativamente rapido nel cammino spirituale, significa che ha compiuto una *sadhana* nella vita precedente. L'intensità della sua aspirazione ne è la prova. Anche se la nostra aspirazione non è così forte, facciamo comunque degli sforzi, iniziando adesso. In tal modo, pur non giungendo allo stato supremo in questa vita, avremo compiuto dei passi in avanti e saremo più vicini alla meta nella prossima. È un saggio investimento.

Ma al di là di queste parole rassicuranti, non dimentichiamo che la grazia del nostro Guru è la forza più potente capace di accordarci la liberazione. Un semplice pensiero di Amma su di noi è sufficiente a squarciare il velo antico dell'ignoranza spirituale o *ajñana* che nasconde il nostro vero Sé. Naturalmente dobbiamo attrarre su di noi tale grazia impegnandoci al massimo.

Il piano d'azione per i bambini

Qual è dunque il piano d'azione da seguire? Quando siamo piccoli, siamo come animali a due zampe. Non facciamo nulla di diverso dagli animali: mangiamo, evacuiamo, dormiamo, giochiamo, amiamo, litighiamo e così via. Ma qualche anno più tardi, dopo i cinque anni, i nostri genitori dovrebbero iniziare a gettare le fondamenta della nostra 'torre verso il cielo'. In questa fase è necessario procurarsi le provviste necessarie per il lungo viaggio di ritorno a Dio.

Amma dice che "i genitori dovrebbero impartire ai bambini nozioni sulla spiritualità già nei loro primi anni di vita e spiegare loro che esiste una forza conosciuta come Dio che controlla ogni cosa. Se insegniamo a un bambino a ricordarsi del Divino in tutte le circostanze della vita, costui sarà in grado di mantenere il suo equilibrio interiore in ogni situazione, nel successo e nell'insuccesso. Anche se prende delle cattive abitudini crescendo, le buone impressioni dormienti nel suo subconscio finiranno per riportarlo sulla giusta strada a tempo debito".

Oltre alle conoscenze utili per vivere nel mondo, i genitori dovrebbero insegnare ai loro bambini, attraverso esempi pratici e racconti, questi concetti: rispettare gli anziani, onorare Dio, praticare atti di culto, essere umili, semplici, servizievoli, altruisti, possedere autocontrollo, distacco e avere un atteggiamento filosofico.

Amma dice che "I bambini dovrebbero rispettare gli anziani, rispondere loro gentilmente, obbedire alle loro indicazioni, evitare di prenderli in giro, rispondere bruscamente o contraddirli. Queste qualità sono essenziali per una serena vita familiare".

Per renderlo possibile, bisogna insegnare ai bambini posture di yoga (*asana*), preghiere e versetti in sanscrito (*sloka*), storie spirituali tratte dal *Ramayana,* dal *Bhagavata,* dal *Mahabharata* o dal *Panchatantra*, *bhajan*, meditazione, *japa* e offrire loro attività di *karma yoga* o (*seva*), senza che trascurino gli studi secolari. Tutte queste pratiche costituiranno le fondamenta per una futura vita spirituale.

La vita coniugale

La maggior parte di noi desidera sposarsi e avere figli, gioire dei piaceri della vita, essere benestante e celebre e vivere in modo agiato. La vita coniugale permette di soddisfare tutti questi desideri, ma mentre viviamo questa fase dovremmo continuare le pratiche spirituali apprese nell'infanzia. Passioni come la collera, l'avidità, l'egoismo, la gelosia e il desiderio sessuale vanno controllate e smorzate gradatamente. Gradatamente è la parola giusta, ma non in modo così graduale da essere inesistente! La vita coniugale è una fase che offre numerose opportunità per migliorarsi. È un peccato che quando ci guardiamo in giro non vediamo molte nobili qualità manifestarsi nella vita delle persone. Sembra che sia l'egoismo a dettare legge!

Nella foresta

Se ci si è impegnati a fondo per purificare la mente da tutte le debolezze e le negatività, se si sono svolte con regolarità le pratiche spirituali, allora dovrebbero sorgere in noi la devozione e il distacco autentici. A questo punto si è pronti per "vivere nei boschi". Questa è la fase in cui si conduce una vita lontana dalle cose del mondo e, se è possibile, si va a vivere in un *ashram* oppure si dedica tutto il tempo alle pratiche spirituali nella propria casa.

Amma dice che "Quando i figli sono cresciuti e sono in grado di provvedere ai loro bisogni, i coniugi dovrebbero andare a vivere in un ashram e condurre una vita dedicata alla spiritualità, impegnandosi a progredire spiritualmente, consacrandosi alla meditazione, al japa e al servizio disinteressato.

Perché sia possibile questa transizione, è necessario coltivare sin dall'inizio della vita spirituale un attaccamento forte ed esclusivo a Dio. Senza avere creato tale vincolo, la mente si aggrapperà ai suoi legami: prima i figli, poi i nipoti e così via. Questo attaccamento non è utile né a noi né ai nostri figli e, se non lo lasciamo andare, rovinerà la nostra vita. Per contro, se dedichiamo la nostra esistenza alla *sadhana*, il potere spirituale che acquisiamo praticando aiuterà noi e il mondo intero. Prendete dunque l'abitudine di ritrarre la mente dagli innumerevoli oggetti del mondo e volgetela all'interno, a Dio. Se raccogliamo l'acqua in un serbatoio, potremo fornirla a tutti i rubinetti. Analogamente, se manteniamo la mente assorta in Dio - qualunque sia la nostra attività - tutti i membri della famiglia ne trarranno beneficio. Lo scopo ultimo della vita non è accumulare ricchezze per i propri figli e familiari, ma essere focalizzati sulla propria crescita spirituale".

La rinuncia

Una volta che si è convinti della realtà di Dio e della natura illusoria del mondo, quando la sete dei piaceri dei sensi è ridotta al minimo indispensabile, solo per assicurare la propria sopravvivenza, quando si ha lo struggente desiderio di realizzare Dio, allora si entra nella fase della rinuncia completa, in cui si dipende interamente dal Signore e ci si dedica totalmente alla spiritualità. Questa potrebbe essere un atteggiamento interiore o prendere la forma di una rinuncia esteriore. La pratica consiste nel vivere nell'*Atman*, nell'anima. Questo è l'unico nostro vero compito.

Non dovremmo pensare che solo i rinuncianti possano ricevere la grazia di Dio o del Guru. La Grazia prende forme diverse, a seconda della fase in cui ci troviamo e della nostra pratica. Una persona sposata può impegnarsi a conseguire la Grazia e la riceverà in modo diverso da un monaco.

I servitori nascosti di Dio

Una leggenda racconta di un eremita che viveva tanto tempo fa in una minuscola grotta in montagna. Si cibava di radici e di ghiande, di tozzi di pane lasciati dai contadini e del formaggio che gli portava una donna che gli chiedeva di pregare per lei. Trascorreva tutto il suo tempo a pregare e a pensare a Dio. Per quarant'anni visse in questo modo, predicando, pregando, confortando chi era in difficoltà e, soprattutto, adorando Dio nel suo cuore.

Aveva un solo desiderio: rendere la sua anima così pura e perfetta da diventare una delle pietre nell'augusto tempio di Dio in Paradiso. Un giorno, dopo quarant'anni, sorse in lui il grande desiderio di sapere quanti progressi avesse fatto e di come Dio lo considerasse e così pregò che gli fosse mostrato un uomo "la cui anima avesse raggiunto lo stesso grado di perfezione della sua e la cui ricompensa, nel Regno celeste, fosse come la sua: né maggiore né minore".

Non appena ebbe concluso la preghiera e alzato il capo, vide dinanzi a lui un angelo con una veste bianca. Al colmo della gioia, l'eremita si inchinò davanti a questo messaggero: sapeva che il suo desiderio era stato esaudito.

"Recati nella città più vicina", disse l'angelo, "e là, nella pubblica piazza, troverai un clown che si guadagna da vivere facendo ridere le persone. Quello è l'uomo che cerchi, la sua anima ha la tua grandezza e il suo premio in cielo è lo stesso del tuo".

Quando l'angelo scomparve dalla sua vista, l'eremita abbassò nuovamente il capo, ma questa volta in preda a un forte dolore e timore. I suoi quarant'anni di preghiere erano stati un grave errore? La sua anima era simile a quella di un clown che faceva il buffone sulla piazza del mercato? Non sapeva più cosa pensare. Arrivò quasi a sperare di non riuscire a incontrare quell'uomo e a concludere che la visione dell'angelo era stata solo un sogno. Ma quando arrivò sulla piazza del villaggio, dopo un lungo ed estenuante cammino, scoprì purtroppo che il clown era lì, intento a fare il pagliaccio per divertire la folla.

L'eremita si fermò e lo guardò con terrore e tristezza, poiché aveva l'impressione di stare guardando la sua stessa anima. Il volto che vide era emaciato e stanco e gli parve che avesse un'espressione molto triste, malgrado i sorrisi o le smorfie che esibiva.

Presto l'uomo sentì su di sé lo sguardo dell'eremita e non riuscì a continuare le sue buffonate. Quando lo spettacolo si interruppe, la gente si allontanò e l'asceta si avvicinò e condusse il clown in un luogo tranquillo, dove potessero riposare. Infatti, più di ogni altra cosa al mondo, desiderava sapere come fosse l'animo di quell'uomo, poiché com'era quell'anima, così era la sua. Dopo un po', chiese molto gentilmente al clown com'era la sua vita e come aveva vissuto. Con grande tristezza, l'uomo gli rispose che era come la vedeva: una vita di ridicole farse perché quello era l'unico modo che conosceva per guadagnarsi il pane.

"Ma non hai fatto qualcos'altro?", chiese amareggiato l'eremita.

Il clown nascose la testa tra le mani. "Sì, sant'uomo. Ho fatto anche altro. Sono stato un ladro! Appartenevo alla peggior banda di malfattori che hanno mai imperversato tra questi luoghi di montagna ed ero anche il peggiore di tutti".

Ahimè! L'eremita ebbe la sensazione che il suo cuore stesse per spezzarsi. Era così che appariva al Signore? Come un ladro, un crudele brigante delle montagne? Non riusciva quasi a parlare e le lacrime gli rigavano le guance avvizzite, ma radunò tutto il suo coraggio per porre l'ultima domanda:

"Ti prego, se hai mai compiuto una sola buona azione nella tua vita, ora ricordala e raccontamela", pensando che anche una sola buona azione l'avrebbe salvato dalla disperazione totale.

"Sì, una", rispose il clown, "ma è insignificante e non merita di essere raccontata. La mia vita è stata inutile".

"Dimmela!" lo supplicò l'eremita.

"Una volta", disse l'uomo, "la nostra banda irruppe nel giardino di un convento e rapì una delle suore per venderla come schiava o per usarla come ostaggio in cambio di un riscatto. La trascinammo con noi seguendo un lungo e impervio cammino fino alla nostra base, sui monti, e la notte montammo la guardia per sorvegliarla. La poverina ci implorava di lasciarla andare! E mentre ci supplicava guardava con occhi fiduciosi e struggenti i nostri visi induriti, come se non riuscisse a credere che gli uomini fossero così cattivi. Padre, quando i suoi occhi incontrarono i miei, qualcosa mi trafisse il cuore! Per la prima volta sentii nascere in me la pietà e la vergogna, ma assunsi un'espressione dura e crudele come quella degli altri e lei guardò altrove, disperata.

Aspettai che tutto fosse buio e quieto e poi, muovendomi furtivamente come un gatto, andai dov'era legata. Le misi una mano sul polso e le sussurrai: 'Abbi fiducia in me, ti riporterò in salvo a casa'. Tagliai le funi con un coltello e lei mi guardò facendomi capire che si fidava. Padre, percorrendo cammini spaventosi che solo io conoscevo, la condussi sana e salva alla porta del convento. Lei bussò, e quando le aprirono sgattaiolò all'interno. Mentre mi lasciava, si girò e mi disse: 'Dio si ricorderà'.

Questo fu tutto. Non mi fu possibile riprendere la mia vecchia vita fatta di crimini e non avevo mai imparato un mezzo onesto per guadagnarmi da vivere. Così sono diventato un clown e lo rimarrò per tutta la vita".

"No, no, figlio mio", gridò l'eremita mentre ora piangeva di gioia, "Dio si è ricordato: ai Suoi occhi, la tua anima è uguale alla mia, che ha pregato e predicato per quarant'anni. Il tuo premio ti attende in cielo, come il mio".

"Come il suo? Padre, lei si sta prendendo gioco di me!", esclamò il clown.

Ma quando l'eremita gli raccontò della sua preghiera e della risposta dell'angelo, il povero clown si trasfigurò per la gioia perché capì che i suoi peccati erano stati perdonati. E quando l'asceta tornò sui monti, il clown lo seguì e diventò anche lui un asceta, consacrando il suo tempo alle lodi e alla preghiera.

Entrambi lavorarono e aiutarono i poveri e quando, due anni più tardi, l'ex clown morì, l'eremita sentì di aver perso un fratello più santo di lui. Per altri dieci anni visse nella stessa grotta pensando continuamente a Dio, digiunando e pregando, senza fare mai del male. Poi, un giorno, l'asceta sentì di nuovo il desiderio di sapere quanto stesse progredendo e pregò di poter incontrare un essere come lui.

E anche questa volta la sua preghiera fu esaudita. L'angelo gli apparve e gli disse di recarsi in un certo villaggio sull'altro lato della montagna dove c'era una piccola fattoria in cui vivevano due donne. In loro avrebbe visto due anime come la sua, agli occhi di Dio.

Quando l'eremita arrivò al cancello della fattoria, le due donne furono molto felici di accoglierlo poiché tutti conoscevano e onoravano il suo nome. Gli offrirono una sedia in un luogo fresco, sotto il portico, e gli portarono da mangiare e da bere. Tuttavia l'eremita era impaziente di sapere a cosa assomigliasse l'anima delle due donne e non riusciva a rimandare questo momento a più tardi. Il loro aspetto indicava che erano gentili e oneste. Una era anziana e l'altra di mezza età.

Così chiese loro di parlargli della loro vita ed entrambe gli raccontarono il poco che c'era da raccontare: avevano sempre lavorato duramente nei campi con i loro mariti o in casa; avevano avuto molti figli; avevano vissuto periodi duri, la malattia, il dolore, ma non si erano mai fatte prendere dalla disperazione.

"E che mi dite delle vostre buone azioni? Cosa avete fatto per Dio?", chiese l'eremita.

"Molto poco", risposero meste, essendo troppo povere per donare profusamente. Certo, quando due volte l'anno uccidevano un montone, ne regalavano la metà ai vicini più poveri.

"Molto bene, questo dimostra la vostra sincerità", dichiarò l'eremita, "E avete compiuto qualche altra buona azione?"

"No", rispose la più anziana, "a meno che, a meno che possa essere considerata una buona azione …" e poi guardò la donna più giovane che le sorrise.

"Vale a dire?", insistette l'eremita.

La donna era ancora esitante, ma poi finì per dire timidamente: "Non è una gran cosa, Padre. Si tratta di questo: vent'anni fa, mia cognata e io venimmo a vivere assieme in questa casa, qui abbiamo cresciuto le nostre famiglie e in tutti questi vent'anni non c'è mai stato un diverbio tra noi o uno sguardo poco gentile".

L'eremita chinò il capo dinanzi alle due donne e ringraziò Dio con tutto il cuore. "Se la mia anima è come la loro", si disse, "sono veramente benedetto".

E all'improvviso una grande luce apparve nella sua mente e vide i tanti e tanti modi di servire Dio. Alcuni servono il Signore negli ashram, nei templi o nelle celle degli eremi innalzando a Lui lodi e preghiere; vi sono povere anime che sono state molto crudeli e poi, addolorate, si allontanano dalla loro vita malvagia e servono pentite il Divino; altri vivono con fede e bontà in umili dimore, lavorando, crescendo i figli e mostrandosi sempre gentili e sorridenti; altri ancora sopportano il dolore con pazienza, per amore di Dio. Esistono innumerevoli vie che solo l'Essere Supremo è in grado di vedere.

E così, di ritorno alla sua grotta, mentre guardava la lucina simile a quella di una stella che filtrava dalle finestre della lontana fattoria, l'eremita pensò: "Quanto sono numerosi i servitori nascosti di Dio!".

Capitolo 9

La necessità della rinuncia

Na karmana na prajaya dhanena
tyagenaike amrita tvamanasuh
parena nakam nihitam guhayam
vibhrajate yadyatayo visanti

"Non con le azioni, né acquisendo progenie e ricchezza, ma solo con la rinuncia si raggiunge l'immortalità. Questo Stato supremo è ben oltre i mondi celesti più elevati; i saggi lo percepiscono nel profondo del loro cuore, dove brilla in tutto il suo splendore".

Mahanarayanopanisad, 4.12

Amma parla spesso del valore e della necessità della rinuncia. Di solito non pensiamo che la rinuncia ci aiuti ad essere felici e la consideriamo quasi una sorta di tortura, di punizione o di sofferenza, qualcosa di deprimente. Eppure Amma sostiene che il valore della rinuncia è nella felicità duratura che ci dona. La maggior parte di noi ritiene che la felicità consista in tutto ciò che piace alla mente e ai sensi. In parte è vero, ma Amma afferma che non bisogna accontentarsi di una felicità limitata e mutevole. Perché non cercare una soddisfazione permanente? Perché rincorrere qualche goccia di miele quando ne abbiamo un oceano a disposizione? Ecco il messaggio dei saggi delle antiche tradizioni spirituali che hanno fatto esperienza dell'unione con Dio: in voi c'è un oceano di beatitudine, anche se attualmente non ne siete consapevoli. Cercate di farne l'esperienza attraverso le pratiche spirituali, e la pace e la felicità saranno vostre; una felicità che niente e nessuno potranno togliervi.

Esistono diversi gradi di felicità (*ananda*): quella procurata dai piaceri umani, quella che troviamo nei piaceri superiori propri dei mondi sottili o celesti, e infine c'è la Beatitudine divina o *Brahmananda*. Solo *Brahmananda* dura per sempre ed è assoluta; una volta raggiunta, si è completamente appagati.

Gli uccelli possono volare anche a lungo, alcuni possono volare per migliaia di chilometri senza riposarsi, ma prima o poi dovranno posarsi a terra. Allo stesso modo, nel corso di molte nascite potremmo vagare nella creazione in cerca della beatitudine ma, alla fine, dovremo tornare a casa, atterrare sulla terraferma, approdare alla nostra fonte originaria: l'*Atman*, Dio.

Quando Amma parla della rinuncia, intende un distacco graduale della mente e dei sensi dagli oggetti del mondo per rivolgere l'attenzione a Dio, la Realtà immutabile di questo mondo sempre mutevole, la Beatitudine divina, la Sorgente della nostra mente. Dio non è un vecchio scorbutico dalla barba bianca che vive in paradiso, nell'alto dei cieli, sempre pronto a castigarci, a premere il tasto "punizione". Dio è l'essenza della Beatitudine, l'oceano infinito della Coscienza, il substrato di ogni singola mente.

Rinunciare significa anche abbandonare tutto quello che rappresenta un ostacolo alla nostra vita spirituale. Mentre ci sforziamo di praticare la rinuncia, ci accorgiamo che la vita, l'educazione ricevuta e il nostro vissuto quotidiano ci hanno insegnato a fare esattamente l'opposto. Man mano che inseguiamo la felicità nel mondo, sviluppiamo molte tendenze distruttive e negative, come l'orgoglio, l'egoismo, la collera, l'impazienza e l'avidità, pensando che ci aiuteranno ad essere felici; in realtà, esse finiscono per rendere infelici noi e gli altri. Questo è lo strano modo in cui opera *maya*, il potere dell'illusione cosmica.

La maggior parte della gente non è in grado di praticare repentinamente una rinuncia completa e deve coltivare questo atteggiamento gradatamente. Alcuni devoti sposati si sentono in colpa perché sono impegnati a raggiungere obiettivi materiali e godono dei piaceri della vita, mentre Amma mette l'accento sulla rinuncia. Ma lei dice anche che un *grihastashrami* o capofamiglia dovrebbe apprezzare ciò che il mondo gli offre. Inizialmente sentitevi pure appagati dalla vita del mondo e poi, a poco a poco, cominciate a praticare la rinuncia; sforzatevi di vedere e di capire l'altra faccia della medaglia del piacere, quella negativa, sviluppando al tempo stesso la devozione. La compagnia di *mahatma* (grandi anime) e la lettura di libri della tradizione spirituale, come la *Bhagavad Gita* e lo *Srimad Bhagavatam*, vi aiuteranno a farlo. Pensate a qual è il vero scopo della vita umana. Un'autentica rinuncia è possibile solo quando la mente vive nella consapevolezza di Dio.

La rinuncia fisica, quella esteriore, non è per tutti. Vi giungono solo alcuni, a tempo debito. È possibile costringere se stessi a rinunciare? Innanzitutto occorre che nel devoto sorga un forte senso di distacco da tutti e da tutto. I piaceri e i rapporti nel mondo gli appariranno vuoti e privi di senso, una distrazione e uno spreco di tempo e di vita preziosi; il ricercatore spirituale dovrà cominciare a cogliere la superficialità e l'egoismo presenti nella vita del mondo. L'ambiente secolare gli sembrerà insopportabile e vuoto, come un profondo abisso, e avvertirà l'urgenza di fare l'esperienza della Beatitudine divina e affrancarsi dal ciclo di morte e rinascita. Questo diventerà lo scopo più importante della sua vita.

Alcune persone abbracciano la rinuncia in preda al disgusto per il dolore, le delusioni e i problemi causati dal vivere nel mondo, abbandonano la famiglia e il lavoro e vanno a vivere in un luogo sacro o in un posto di straordinaria bellezza naturale, o intraprendono un pellegrinaggio; ma presto o tardi potrebbero rimpiangere la vita che conducevano e potrebbero ritornare a casa e anche ricominciare una nuova vita nel mondo.

Esiste anche un tipo di rinuncia chiamata *smasana vairagya* (il distacco "da camposanto"). Questo senso di distacco sopraggiunge quando si assiste a una cremazione o a un funerale, si vede un cadavere o si è testimoni di un terribile incidente o si rasenta la morte. Si inizia così a pensare che, un giorno, anche il nostro corpo andrà incontro alla stessa sorte; si assume una visione più filosofica della vita e si prova una sorta di distacco dalla quotidianità. Si comincia a pensare seriamente d'impegnarsi nel cammino spirituale, ma una volta rientrati a casa si riprende la solita routine e si dimentica l'intera faccenda.

Nel caso dei devoti di Amma, lei può dire chi è pronto per una vita di rinuncia. Lei può vedere più lontano rispetto a noi e quindi la cosa migliore è chiedere il suo consiglio a riguardo. È molto difficile per noi sapere se abbiamo abbastanza distacco per intraprendere una vita simile. Amma ci indicherà come procedere e metterà in evidenza gli eventuali cambiamenti necessari.

Lo swami che amava il pudding

Uno *swami* aveva intrapreso una vita di rinuncia senza avere prima ricevuto le benedizioni di un Guru. L'uomo viveva in una capanna in mezzo alla foresta e si nutriva di frutti e di radici. Il suo ashram si trovava nei pressi di un villaggio e i bambini che vi abitavano andavano spesso a giocare da lui. Un giorno sentì dei bambini urlare e litigare e uscì per vedere cosa stesse succedendo. Due fratelli stavano bisticciando su un fatto accaduto il giorno prima, quando il maggiore non aveva condiviso il suo budino (*payasam*) con il fratellino minore.

All'udire la parola "*payasam*" (budino dolce, in genere a base di riso, N.d.T.), il *sadhu* provò il desiderio di mangiarlo e la sua mente ritornò a trent'anni prima, quando viveva in famiglia ed era solito mangiare il *payasam* e altri piatti deliziosi.

"Come posso procurarmi del *payasam* adesso? Sarebbe sconveniente tornare a casa dopo così tanti anni. Rischierei di rimanere intrappolato nella vita di famiglia, con tutte le complicazioni che essa comporta. Ad ogni modo non c'è nulla di male se mi reco nel villaggio ad elemosinare in qualche casa. Chissà, forse avranno del *payasam* e me ne daranno un po'".

Per tutti quegli anni il *sadhu* aveva vissuto dei prodotti della foresta per evitare gli abitanti del villaggio, ma quel giorno decise di recarsi in paese. Quella sera l'uomo uscì di casa, ma smarrì la strada e vagò nella foresta fino al mattino seguente. Finalmente udì delle voci e si diresse in quella direzione. Trovò alcune persone, alle quali chiese come arrivare al villaggio, ma fu sorpreso dalla loro reazione.

"Ecco il ladro che stavamo cercando! Si è travestito da *sadhu*. Prendiamolo!"

Lo afferrarono, lo picchiarono e lo portarono alla stazione di polizia. Gli agenti minacciarono di torturarlo se non avesse confessato dove aveva nascosto la refurtiva. Tutti gli abitanti del villaggio vennero a vedere il ladro travestito da *sadhu*. L'uomo tremava di paura e pregava Dio di salvarlo. Non capiva assolutamente cosa stesse succedendo. Fu allora che passò di lì un *mahatma*, che stava tornando dal fiume dov'era andato a lavarsi. Capì immediatamente la situazione e disse ai poliziotti: "Vi state sbagliando, quest'uomo è un *sadhu* innocente che vive nella foresta a circa una ventina di chilometri da qui. Il vero ladro è stato catturato altrove ed è già in prigione. Lasciate libero quest'uomo, dategli un po' di *payasam* e rimandatelo all'ashram".

La gente conosceva bene il *mahatma* e così rilasciarono il *sadhu*. Costui si prostrò ai piedi del sant'uomo e scoppiò in lacrime. Si pentì della sua mancanza di autocontrollo e ritornò al suo eremo silvestre. I desideri creano sempre guai, soprattutto quando il *sadhu* o il rinunciante non ha un Guru!

La vita in questo mondo è come una scuola in cui passiamo da una classe all'altra e impariamo diverse lezioni. Ricordiamo però che questo mondo è solo una scuola e che non dovremmo rimanervi per sempre. Cerchiamo di conseguire il diploma finale e di entrare nel mondo reale, il mondo della beatitudine divina, il mondo di Dio. In qualsiasi modo, e per quanto ci è possibile, pratichiamo dunque la rinuncia nella nostra vita quotidiana seguendo le indicazioni di Amma. Anche se lasciamo la nostra casa, porteremo con noi la stessa mente. Non potremo mai sfuggirle se non rinunciando ai pensieri.

Capitolo 10

Le vasana

Amma spiega che il vero scopo della vita umana è fare l'esperienza dello stato di unione con Dio, con il nostro Creatore, attraverso una mente purificata dalla disciplina spirituale. Per poter accedere a questa esperienza, occorre purificare la nostra mente, attualmente così irrequieta, rimuovendo i pensieri e le emozioni in modo che divenga calma come un oceano senza onde. Durante questo processo di purificazione, il *sadhak* (cercatore spirituale) deve sforzarsi di ridurre il numero di pensieri affinché si riveli la Verità fino ad allora nascosta. La superficie di uno stagno può essere coperta da alghe, ma se le spostiamo potremo vedere l'acqua. Allo stesso modo, l'*Atma* è attualmente coperto da pensieri, deboli e forti. La visione o l'esperienza del Sé apparirà quando ne ridurremo il numero.

A questo riguardo, Amma dice:

> "Recitando i mantra con sincerità e devozione, si ottiene la pace interiore e la tranquillità necessarie per ridurre il numero di pensieri. Quando i pensieri diminuiscono, la pace interiore aumenta. La tensione e l'agitazione mentale nascono dalle numerose onde-pensiero che generano a loro volta ogni sorta di tendenze negative come la concupiscenza, la collera, la gelosia, l'avidità, ecc. I mantra recitati con concentrazione ci danno la forza di accettare le esperienze

piacevoli e spiacevoli della vita come il Volere del Divino e la Sua benedizione. Non ci riusciremo se la nostra preghiera è rivolta solo a soddisfare i desideri, perché in tal modo accresceremo soltanto le nostre afflizioni e delusioni. La cosa più importante è la pace interiore".

Per poter limitare il numero dei pensieri, dobbiamo diventare profondamente consapevoli di come opera la mente. La meditazione ci aiuta a farlo, consentendoci di dirigere l'attenzione sulla mente invece di lasciarla vagabondare all'esterno. La mente è costituita da un rumore di fondo, o cicaleccio, e da sentimenti e pensieri molto forti, in grado di indurci ad agire e creare così la nostra felicità o la nostra amarezza. Tutti questi elementi formano la trama del tessuto della mente; sono le *vasana* o i pensieri abituali il movente che sta dietro ogni nostra parola e azione e ci spinge a immergerci sempre di più nell'oceano del karma, pieno di gioie e di dolori.

I tre guna

Alcuni pensieri e sentimenti aiutano a calmare la mente, mentre altri la agitano. Quelli che la placano sono *sattvici*, quelli che la distraggono e ci fanno soffrire sono, rispettivamente, *rajasici* e *tamasici*. L'universo è costituito da questi tre *guna* (qualità). Il Signore Krishna li descrive in questo modo:

"Quando in ogni parte del corpo, nei sensi e nella mente sorge la luce della saggezza, si può dedurre che *sattva* è predominante.

La cupidigia, l'attività, l'inquietudine e il desiderio si manifestano quando prevale *rajas*, o Signore dei Bharata.

Ottusità, distrazione, inerzia, tendenza a cadere nell'errore: questi tratti emergono quando predomina *tamas*, o discendente di Kuru.

Colui che muore quando *sattva* è predominante raggiunge i puri mondi celesti, in cui dimorano gli esseri che conoscono l'Altissimo.

Se invece al momento della morte è *rajas* a prevalere, egli rinascerà tra coloro che sono attaccati all'azione; se invece è preponderante *tamas*, allora si reincarnerà tra le creature prive di intelletto.

Il frutto di una buona azione è ritenuto *sattvico* e puro; il frutto di *rajas* è il dolore e quello di *tamas* l'ignoranza.

Da *sattva* sorge la saggezza, da *rajas* l'avidità, e da *tamas* l'incuria e anche l'ignoranza.

Coloro che sono stabiliti in *sattva* si elevano; quelli che sono dominati da *rajas* dimorano nelle regioni intermedie, mentre quelli che sono avviluppati da *tamas*, il *guna* inferiore, precipitano in basso.

Avendo trasceso i tre *guna*, dai quali origina il corpo, l'essere incarnato è liberato da nascita, morte, vecchiaia e sofferenza e raggiunge l'immortalità".

Bhagavad Gita, cap.14, vv.11-18, 20

Ecco una lista esauriente delle qualità associate ai tre *guna*. Conoscendole, potremo capire quali sono i *guna* che operano in noi e come procedere.

Sattva: pazienza, gioia, soddisfazione, purezza, appagamento, fede, generosità, perdono, fermezza, benevolenza, equanimità, verità, mitezza, modestia, calma, semplicità, distacco, assenza di paura, considerazione per gli altri e compassione per tutte le creature.

Rajas: orgoglio della propria bellezza, affermazione del proprio potere, amore per la guerra, avarizia, assenza di compassione, facilità a lasciarsi trasportare dalla felicità e dalla tristezza, dilettarsi nel parlar male degli altri, cercare la discussione e il litigio, arroganza, villania, apprensione, tendenza a indulgere nei conflitti e nel dolore, appropriazione di beni altrui, sfrontatezza, disonestà, durezza, smisurati desideri sessuali, ira, orgoglio, presunzione, cattiveria, tendenza a diffondere calunnie.

Tamas: irresponsabilità, indolenza e pigrizia, inerzia, facilità a commettere errori, mancanza di determinazione, volgarità, cocciutaggine, falsità, cattiveria, tendenza a procrastinare.

È possibile superare *tamas* con il *rajas*, che a sua volta può essere sublimato grazie a *sattva*. Dobbiamo calmare la mente al punto da non manifestare nessuna di queste qualità ed essere pura consapevolezza, coscienza e beatitudine.

Ma come dice il Signore Krishna:

"In verità questa Mia divina illusione (*maya*) composta dai *guna* è difficile da superare. Solo chi è esclusivamente devoto a Me riuscirà a vincere *maya*".

Bhagavad Gita, cap. 7, v. 4.

Si tratta di un lavoro molto difficile. La lotta per conseguire la purezza mentale viene chiamata *tapas* o austerità. Non esiste un'altra via. Prima o poi, ogni essere vivente deve intraprendere questa lotta e acquisire la forza necessaria per padroneggiare la mente. Se non lottiamo per elevarci, le nostre *vasana* o tendenze negative ci divoreranno e ci faranno soffrire molto, nascita dopo nascita.

"Che l'uomo elevi se stesso con il suo Sé e non lo degradi, perché egli soltanto è l'amico e il nemico di se stesso.

Chi ha conquistato il sé per mezzo del Sé, ha il sé per amico; ma il sé è come un nemico per chi non ha conquistato il proprio sé".

Bhagavad Gita, cap. 6, vv 5-6

La vita di una farfalla

Un giorno uno studente trovò un bozzolo e lo portò nel laboratorio di biologia della scuola. Il professore lo mise in un acquario inutilizzato e gli mise accanto una lampada per dargli il calore necessario. Dopo una settimana una piccola apertura apparve nella parte inferiore del bozzolo.

Gli studenti osservarono il bozzolo scuotersi e poi, improvvisamente, emersero delle minuscole antenne, seguite dalla testa e dalle zampette anteriori. I ragazzi correvano in laboratorio tra una lezione e l'altra per prendere nota dei successivi sviluppi.

All'ora di pranzo, quella creatura era riuscita a liberare le ali inerti il cui colore rivelava che si trattava di una farfalla monarca. La crisalide si dimenava, si contorceva e lottava, ma a un certo punto sembrò essere in stallo. Nonostante gli sforzi, si aveva la sensazione che non sarebbe mai riuscita a far passare il resto del corpo dalla piccola apertura.

Alla fine uno studente decise di aiutarla a uscire da questa impasse, prese le forbici dal tavolo e tagliò il bozzolo. Ciò che apparve fu qualcosa di simile a un insetto: la parte superiore aveva l'aspetto di una farfalla dalle ali mosce, mentre la parte inferiore, adesso fuori dal bozzolo, era larga e gonfia; ma con quelle ali flaccide quella creatura non sarebbe mai riuscita a volare e così strisciava sul fondo dell'acquario trascinando le ali e il corpo gonfio. Poco dopo morì.

Il giorno seguente il professore di biologia spiegò che la lotta della farfalla per uscire da quella piccola apertura serve per dirigere i fluidi del corpo verso le ali, in modo da infondere loro la forza necessaria a volare. Senza tutti quegli sforzi, le ali non possono svilupparsi e la farfalla non potrà mai alzarsi in volo. Come la farfalla, anche noi non possiamo evolvere spiritualmente senza avversità.

Il cammino spirituale può sembrarci, a tratti, scoraggiante. Amma ci esorta a non rimanere a terra dopo essere caduti. Dobbiamo rialzarci e andare avanti. La caduta non è così importante, ciò che conta è perseverare nei nostri sforzi verso la meta.

L'esperienza di Thomas Edison

Abbiamo sentito tutti parlare dell'esperienza di Thomas Edison, che provò duemila materiali diversi alla ricerca di un filamento per la lampadina. Quando si rivelarono tutti inadeguati, il suo assistente si lamentò esclamando: "Tutto il nostro lavoro è inutile, non abbiamo fatto nessun passo avanti". Edison rispose molto fiducioso: "Beh, abbiamo fatto molta strada e imparato molto. Adesso sappiamo che ci sono duemila elementi che non possiamo utilizzare per costruire una buona lampadina".

Amma dice che solo un Guru può liberarci completamente dalle nostre *vasana*. Questa sua affermazione può significare che i nostri sforzi sono limitati e che, per andare oltre quel limite, il Guru deve intervenire con la sua Grazia e rivelarci la Verità trascendente, oppure che farà affiorare tutto ciò che è presente nelle profondità della nostra mente per poterlo vedere e affrontare. Per pulire una casa, è necessario prima rendersi conto dello stato in cui è. Dobbiamo pulire a fondo la mente. La maggior parte di noi è cieca di fronte a quello che essa contiene. Solerti nel notare i difetti altrui o ciò che noi riteniamo difetti, siamo beatamente incoscienti quando invece si stratta delle nostre mancanze.

Gesù ha detto: "Perché guardi la pagliuzza nell'occhio di tuo fratello e non ti accorgi della trave che è nel tuo?". (Matteo, 7, vv. 3-5)

E come agirà il Guru? Amma dice:

"Il Guru creerà al discepolo sofferenza e ostacoli, che dovranno essere superati grazie a una *sadhana* intensa. La spiritualità non è per i pigri. Le difficoltà che sopraggiungono a livello sottile sono più intense rispetto alle amarezze causate dal mondo. Chi consacra interamente la sua vita al *Satguru* non ha però nulla da temere".

"Il Guru metterà alla prova il discepolo in vari modi. Solo chi è dotato di una forte determinazione può superare tutte quelle prove e procedere sul sentiero spirituale. Tuttavia, una volta superate, la grazia infinita del Guru fluirà verso il discepolo senza alcun impedimento. Tutto ciò che compie il Maestro ha come unico scopo il progresso spirituale del discepolo; gli è assolutamente impossibile agire altrimenti. Amma sta parlando di un *Satguru*, non di qualcuno che si proclama Guru. Può capitare che a volte un vero *Satguru* (un Maestro spirituale realizzato, N.d.T.) si comporti in modo singolare, vada in collera con un discepolo senza una ragione particolare e lo rimproveri per errori che non ha mai commesso. Ma se il Maestro assume questo comportamento apparentemente strano non è perché è in collera con lui; sta agendo in questo modo per insegnare al discepolo l'abbandono, la pazienza e l'accettazione".

Le onde delle *vasana* che sorgono nella mente sembrano non avere fine; non potremo mai placarle accogliendole. Ripetere continuamente le stesse azioni rafforzerà solo queste tendenze. Se con una matita tracciamo una riga su un foglio di carta, potremo cancellarla facilmente con la gomma, ma se tracciamo diverse volte la riga sullo stesso punto sarà più difficile cancellarla.

Gioire, fare esperienza dei piaceri del mondo in una certa misura, ci aiuta a soddisfare i nostri intensi desideri e le nostre abitudini, ma non dimentichiamo che solo l'autocontrollo e il discernimento tra il Reale e ciò che sembra reale (mentre in realtà è solo una nostra fantasia) li sradicherà completamente. Il Guru può concedere al devoto sincero un certo margine di libertà con il quale ridurre le proprie *vasana*, ma il Maestro sa quando porvi fine per consentirgli di evolvere. *Maya* non ci permette di comprendere fino in fondo quanto sia complessa la nostra situazione.

L'amore del Guru

"Maestro, per quanto cerchi di tenerla a freno, la mia mente è attratta dai piaceri del mondo e penso spesso di andarmene senza informarla, ma l'amore che sento per lei mi impedisce di agire in modo così ingrato. Signore, cosa devo fare? Mi dia un consiglio, la prego", supplicò un devoto che viveva nell'ashram del Maestro da solo un mese.

"Figlio, anch'io ho notato la tua strenua lotta interiore. È difficile vincere desideri profondamente radicati. Non temere, torna nel mondo, forma una famiglia e vivi come padre di famiglia per un po', soddisfacendo i tuoi forti desideri, ma per tutto il tempo tieni fissa la mente sui piedi di loto del Signore. Non perdere mai di vista il tuo obiettivo e ritorna dopo dieci anni. Non restare via più a lungo".

Il devoto prese congedo dal Guru, si recò nella sua città natale, si sposò e condusse una vita come padre di famiglia. Aveva servito il Maestro con tutto il cuore e ne aveva ottenuto la grazia e così riuscì nelle sue imprese. In poco tempo divenne uno degli uomini più ricchi della città, con una moglie amorevole e dei figli graziosi.

Trascorsero dieci anni.

Un mendicante si presentò alla porta della villa del devoto. Vedendo il suo aspetto trasandato, i bambini corsero in casa spaventati. La moglie si mise a trattare male il *sadhu* che, impassibile, insistette nel voler vedere il padrone di casa. Arrivò il marito, che riconobbe in questo uomo il suo Guru. Salutò molto rispettosamente il vecchio Maestro e lo fece accomodare.

"Bene, sono trascorsi dieci anni, sei riuscito a soddisfare i tuoi desideri?"

"Ho gioito di tutto quanto il mondo offre, Gurudev. Sarei potuto ritornare all'ashram, ma come posso lasciare questi bambini ancora piccoli? La prego, mi permetta di rimanere ancora qualche anno per educarli e vederli sistemati nella vita. A quel punto, verrò da lei".

Trascorsero altri dieci anni.

Questa volta fu un uomo anziano a salutare il *sadhu*. La moglie era morta, i figli erano ormai giovani uomini con le proprie famiglie. "Mio amato Guru", disse il discepolo, "è vero che ho compiuto tutti i miei doveri di capofamiglia; adesso i miei figli sono adulti e prosperano, ma sono ancora giovani e, immersi nei piaceri del mondo, non hanno nessun senso di responsabilità. Se li lascio a se stessi potrebbero sperperare tutta la ricchezza guadagnata duramente dal padre e finire poi in miseria. Devo occuparmi del loro bilancio famigliare e guidare le loro azioni. La prego, mi lasci qui ancora qualche anno finché diventino maturi e si assumano le loro responsabilità. A quel punto me ne andrò e verrò sicuramente a vivere nell'ashram".

Trascorsero così altri sette anni.

Il Guru tornò per vedere il discepolo. Un grosso cane stava di guardia al cancello. Lo riconobbe, era il suo discepolo. Entrò in casa per capire cosa fosse accaduto e apprese che l'uomo era morto qualche anno prima. Il suo attaccamento alla famiglia era stato così forte che era rinato come cane per fare da guardia alla casa e ai figli. Il Guru entrò nell'anima del cane.

"Bene, figlio mio, ora sei pronto a seguirmi?"

"Ancora un paio d'anni, mio Guru", rispose il cane, "Adesso i miei figli sono al culmine della fortuna e della prosperità, ma hanno molti nemici gelosi. Fra qualche anno non avranno più timori né preoccupazioni e allora verrò immediatamente all'ashram".

Trascorsero altri dieci anni.

Il *sadhu* ritornò in quella casa. Anche il cane era morto. Grazie al suo occhio interiore, il Maestro vide che il discepolo aveva assunto la forma di un cobra velenoso che viveva sotto la casa e decise che era venuta l'ora di liberarlo dall'illusione.

"Figlio", disse al nipote del discepolo, "sotto la tua casa vive un cobra velenoso. È un serpente pericoloso. Meglio che lo allontani, ma non ucciderlo. Dagli una bella bastonata, rompigli la schiena e poi portamelo".

Ispezionando il terreno sotto casa, il giovane fu sorpreso nel constatare che le parole del *sadhu* erano vere, chiamò gli altri ragazzi della famiglia e tutti assieme cominciarono a bastonare il cobra. Seguendo le istruzioni del *sadhu*, non lo uccisero ma lo ferirono abbastanza da impedirgli di muoversi. Il *sadhu* accarezzò affettuosamente la testa del serpente e, buttandoselo sulle spalle, si allontanò tranquillamente dai giovani, felicissimi di essere stati miracolosamente salvati da questa creatura velenosa.

Mentre tornava all'ashram, il Guru parlò al cobra: "Amato figlio! Nessuno è finora riuscito a soddisfare i sensi e la mente, dai desideri e appetiti insaziabili. Prima che uno di essi svanisca, altri sono già comparsi a dozzine. Il discernimento è il tuo unico rifugio. Svegliati! Almeno nella tua prossima vita dovresti fare esperienza della Realtà Suprema".

"Gurudev", pianse amaramente il cobra, "la sua benevolenza è infinita! Malgrado mi sia comportato con lei da ingrato, mi ha sempre seguito con bontà e senza perdermi di vista mi ha riportato ai suoi piedi di loto. Nel mondo non c'è certamente nessuno che trabocchi di amore divino come un Guru. Non esiste nessun amore disinteressato in questo mondo se non quello che c'è tra un vero Guru e il suo discepolo".

Il vero Guru è Dio. In ogni nostra vita, Dio è dentro di noi e si manifesta esteriormente assumendo la forma di un Maestro quando siamo pronti a ritornare alla nostra Sorgente. Il Guru ci condurrà al Sé e instaurerà con noi una relazione profonda e duratura. Questo rapporto, tuttavia, è diverso da quello che esiste tra due persone. È un rapporto tra Dio e l'anima. In un modo o nell'altro, il Guru trasforma il discepolo sincero, mette fine al suo vagabondare e lo risveglia alla sua vera natura, pura Coscienza.

Capitolo 11

Avere l'atteggiamento del testimone

I grandi esseri come Amma ci esortano a utilizzare la mente con intelligenza non solo nei riguardi delle cose del mondo, ma anche al fine di trascendere il nostro attuale stato animale e, andando oltre la mente ordinaria colma di pensieri, accedere a uno stato di unione con il Divino. Amma dice che l'essere umano può sperimentare la pace mentale duratura, la beatitudine eterna, l'appagamento perfetto e l'unità con la Causa universale: *Satchidananda Brahman*, Dio. Noi tutti non siamo solo figli di Dio, siamo anche una manifestazione di Quello. Siamo come onde sulla superficie dell'oceano, che è la loro fonte e il loro sostegno. Quando le onde s'immergono nell'oceano diventano l'oceano stesso. Attraverso la *sadhana* e la grazia divina possiamo fare esperienza della nostra natura onnipotente e onnisciente. Quando perverremo a questo stato, diventeremo anime realizzate o *jnani*.

Amma dice:

> "Figli, dimorare nello stato di testimone è il vero scopo della vita. Questo non vi impedisce di svolgere un'attività, utilizzare la vostra mente e il vostro intelletto, avere una casa, una famiglia, adempiere a numerosi impegni famigliari e professionali; tuttavia, se siete radicati in questo atteggiamento, nel vero Centro,

compirete qualsiasi compito senza allontanarvi neppure di un millimetro da questo centro. Dimorare in tale stato non significa essere inattivi né astenersi dal compiere il proprio dovere. Continuerete ad occuparvi dei figli o della salute dei genitori o del partner, ma anche in mezzo a queste vicissitudini rimarrete un osservatore, testimoni degli avvenimenti e delle vostre azioni. Interiormente sarete perfettamente tranquilli e imperturbabili.

In un film, un attore può interpretare la parte del cattivo che spara ed è infuriato, crudele e sleale. Ma dentro di sé, è davvero in collera? È una persona crudele? Sta realmente commettendo quelle azioni? No, recita semplicemente la propria parte rimanendo un testimone distaccato, senza farsi coinvolgere. Non è identificato con quegli atteggiamenti. Allo stesso modo, chi è stabilito nello stato di testimone non è toccato né turbato da nulla e da nessuna circostanza".

L'atteggiamento del testimone può essere praticato da chiunque. Si tratta di fare coscientemente degli sforzi e di perseverare. Ogni volta che sentiamo la nostra calma abituale lasciare posto alla collera, al risentimento, alla paura o al desiderio, cerchiamo di restare centrati nel cuore; fermiamoci e procediamo con cautela, non sfoderiamo la pistola. Pratichiamo il distacco, la non reazione.

Quando si è in collera, Thomas Jefferson suggerì di contare fino a dieci prima di proferire qualsiasi parola. E se si è molto arrabbiati, di contare fino a cento.

"Non andate in giro lamentandovi, dicendo che qualcuno è arrabbiato con voi e vi ha criticato e rimproverato. Lasciate che vi diano una lezioncina e vi muovano critiche, accettatele, non dite nulla. Mantenete la calma, cercate di rimanere tranquilli. La vostra calma disarmerà gli altri. Quando reagite o controbattete, significa che avete accettato le parole dell'altro, e questi rincarerà la dose. Non c'è modo di placare questo tipo di polemica che porta come risultato finale l'umiliazione, la collera, l'odio, la vendetta e così via. Perché farsi coinvolgere in un processo così autodistruttivo? Restate in silenzio, non perdete la calma; oppure, se desiderate accettare quelle parole, ricevetele come un dono di Dio. Se vi ostinate e avete deciso di accettarle considerandole come una sfida demoniaca, nessuno vi potrà salvare dal disastro finale, nemmeno Dio".

Amma

Come affrontare le critiche

Un politico svolgeva la sua attività molto coscienziosamente, ma come tutti gli esseri umani commise degli errori e venne criticato. I giornalisti riportarono i suoi sbagli sui giornali. L'uomo ne fu talmente dispiaciuto che andò in campagna a trovare un suo amico contadino.

"Cosa devo fare?", chiese piangendo, "Mi sono impegnato tantissimo, nessuno si è impegnato più di me per fare del bene alla gente e guarda quanto mi criticano!"

Tuttavia il vecchio contadino non riusciva a udire le lamentele dell'amico, il politico perseguitato, perché il suo cane da caccia stava abbaiando furiosamente contro la luna piena. L'agricoltore rimproverò il cane, che però non smise di abbaiare. Alla fine, il contadino disse al suo amico: "Vuoi sapere come ci si deve comportare con le critiche ingiuste? D'accordo. Ascolta questo cane e poi guarda la luna; ricordati che, come il cane, le persone non smetteranno mai di urlarti contro, ti mordicchieranno le caviglie e ti criticheranno. Ecco la lezione: il cane abbaia, ma la luna continua a brillare!".

A prima vista potrebbe sembrare un'impresa impossibile, ma a un successo ne seguirà un altro. Dobbiamo solo perseverare e sviluppare la nostra forza di volontà impegnandoci ripetutamente. Amma attribuisce moltissima importanza allo sforzo personale. Infine riusciremo a dimorare nello stato di perfetto testimone perfino nelle circostanze più difficili. E comunque, per quanto successo possiamo avere in questo, non dovremmo mai perdere l'umiltà. Potremmo chiamare tale pratica "l'atteggiamento devozionale del testimone". Teniamo sempre presente che ogni successo, ogni conoscenza e ogni comprensione, è dovuto alla grazia del Guru o di Dio. Una persona davvero grande è una persona umile.

L'umiltà di Socrate

Si dice che l'oracolo di Delfi proclamò Socrate l'uomo più saggio della terra. Alcuni discepoli del filosofo andarono da lui per comunicarglielo e gli dissero: "Socrate, dovresti essere felice, l'oracolo ha affermato che sei l'uomo più saggio su questa terra".

Socrate rise ed esclamò: "Si tratta senz'altro di un errore, come posso essere il più saggio? Io so solo una cosa, che non so nulla. C'è stato dunque un errore. Tornate dall'oracolo e riferiteglielo".

I discepoli andarono dall'oracolo e dissero: "Socrate stesso ha contraddetto la tua affermazione e quindi si tratta senza dubbio di un errore. Egli afferma di non essere saggio e dice di sapere solo una cosa, ovvero di non sapere nulla".

L'oracolo ripose: "Ecco perché ho dichiarato che è l'uomo più saggio: solo un saggio può fare una simile affermazione".

Solo gli sciocchi affermano di essere grandi. La vera saggezza inizia quando si realizza di non sapere nulla. È allora che si è pronti a imparare.

Un giovane artista

Un giovane artista freelance cercava di vendere gli schizzi che aveva disegnato a diversi giornali, ma tutti lo respingevano. Un redattore di Kansas City gli disse che non aveva talento, ma il ragazzo aveva fiducia nelle proprie capacità e non si perse d'animo. Alla fine riuscì a ottenere un impiego: illustrare dei volantini pubblicitari per una parrocchia. Affittò un garage infestato da topi per disegnare le sue vignette e continuò a tracciare schizzi come freelance nella speranza che qualcuno li avrebbe acquistati. Uno dei topi del garage deve averlo ispirato a creare il personaggio dei cartoni animati chiamato Mickey Mouse. Walt Disney era nato!

Per sviluppare una simile forza di volontà e giungere al punto in cui saremo capaci di rimanere nello stato di testimone, è importantissimo svolgere altre pratiche spirituali (*sadhana*). Al momento, la maggior parte di noi ha una mente distratta e dispersa in tutte le direzioni ed è per questo che è così debole. Se si prende un filo sottile e lo si tira da entrambe le parti, si spezzerà con facilità, ma se formiamo una corda attorcigliando molti fili, potremo sollevare oggetti pesanti. Allo stesso modo, quando nella mente ci sono pensieri di tutti i tipi, ognuno di essi ha poca forza. Se tuttavia riusciamo ad aggrapparci a un unico pensiero, la mente acquisirà forza e potenza e anche la nostra pace interiore aumenterà. È per questo che recitiamo il mantra, per ridurre gradualmente i pensieri finché ne rimarrà uno solo. A quel punto sarà facile mettere a tacere tutti gli altri.

Mentre siamo impegnati a svolgere pratiche per acquietare la mente, potremmo stancarci o restare amareggiati davanti alla sua ostinazione. Può capitare che la mente divenga arida quando facciamo moltissimo *japa*, è un fenomeno piuttosto comune. Rilassatevi, prendete le cose con maggiore leggerezza per qualche tempo. Non occorre uccidere se stessi per realizzare il Sé. In effetti, arrivare allo stremo può portare a uno stato depressivo. È come sollevare un pesante carico con dei muscoli poco sviluppati.

Sant'Antonio del deserto

Un giorno, il grande monaco Antonio del deserto si stava rilassando con alcuni suoi discepoli davanti al suo eremo quando passò un cacciatore. Nel vedere che il religioso se la prendeva comoda, l'uomo ne fu sorpreso e lo rimproverò. Quel comportamento infatti non corrispondeva all'idea che si era fatta di un monaco in odore di santità.

Antonio rispose: "Tendi il tuo arco e scocca una freccia". Il cacciatore lo fece. "Tendilo ancora e scocca un'altra freccia", disse Antonio. Il cacciatore lo fece di nuovo per più volte.

Infine l'uomo esclamò: "Padre Antonio, se lo tendo oltre il limite, l'arco si spezzerà".

"Anche il monaco si rompe se tende troppo la corda", replicò l'abate, "Se ci spingiamo oltre il limite, ci spezzeremo. È giusto allentare i nostri sforzi di tanto in tanto".

Quando siamo con Amma, sforziamoci di dimenticare le nostre difficoltà materiali e anche spirituali. A volte, le preoccupazioni che esse ci creano ci rendono ciechi e non ci permettono di godere della sua presenza divina. Lasciamoci inondare dalla presenza di Amma, una Presenza che guarisce e irradia beatitudine. Sono numerosissime le persone che raccontano del sollievo fisico e mentale che avvertono vicino a lei. Tuffiamoci nell'oceano di beatitudine che è Amma e usciamone rinfrescati e pronti a continuare il viaggio verso la nostra vera Dimora.

Capitolo 12

Struggersi per Dio

"Disperdete le tenebre dell'ignoranza pensando a Dio con ardore. Dovremmo avere un completo abbandono verso quell'Uno che è presente in noi come anima".

Amma

Vogliamo essere felici, ma molti di noi non cercano la felicità nel luogo indicato dai saggi. Certamente tutti noi abbiamo trovato la felicità nella spiritualità, almeno in una certa misura. Sappiamo, per sentito dire, che siamo la Luce suprema, ma la maggior parte di noi non la percepisce né la vede. Non abbiamo fatto l'esperienza diretta della Realtà, *aparokshanubhuti*, e questa fase del nostro viaggio di ritorno a Dio può rivelarsi molto frustrante. Vi è un detto che recita così: "in questo mondo esistono solo due tipi di persone spensierate e felici: colui che è totalmente ignorante e il saggio perfetto. Tutti gli altri lottano".

Non avendo questa beatitudine interiore, aspiriamo a essere felici ricorrendo a qualsiasi mezzo e finiamo poi per sentirci amareggiati quando, dopo un po', ci accorgiamo che ciò che pensavamo ci avrebbe reso felici ci ha deluso. Questo è il mistero della vita. Amma dice che, se aspiriamo alla felicità suprema, non saremo mai delusi, ma non dovremmo fermarci prima di avere raggiunto l'obiettivo. È così che ci comportiamo con i nostri desideri terreni: continuiamo a tentare finché non riusciamo. Le *Upanishad* ci dicono: "Alzatevi, svegliatevi, non fermatevi finché non avete raggiunto l'obiettivo!". Dovremmo ricordare per tutta la vita questa ispirante esortazione e applicarla nella nostra vita spirituale.

Non ci libereremo mai dalla torpida oscurità dell'ignoranza finché non grideremo a squarciagola come un bambino che vuole la mamma. Una madre chiama il figlio per farlo tornare a casa a pranzare, ma il bambino è troppo occupato a giocare e non l'ascolta. La madre lo chiama più volte senza successo, e alla fine lascia perdere. Dopo un po' il bambino ha molta fame e piange perché la madre lo venga a prendere. Questo appello potrebbe essere il segno che annuncia l'imminente realizzazione di Dio. Se soltanto riuscissimo a piangere per Dio come faceva Amma!

"O Madre, il mio cuore è straziato dal dolore della separazione! Perché il Tuo cuore non si scioglie nel vedere questo flusso incessante di lacrime? O Madre, molte Grandi Anime Ti hanno adorata conseguendo così la Tua visione e unendosi a Te per l'eternità. O Madre adorata, Ti prego, apri la porta del Tuo cuore compassionevole a quest'umile serva! Mi sento soffocare come se stessi annegando. Se non vuoi venire da me, allora degnaTi di porre fine alla mia esistenza!

O Madre… ecco tua figlia che sta per annegare in quest'atroce disperazione… il mio cuore si sta spezzando… le mie gambe vacillano… mi contorco come un pesce agonizzante gettato sulla riva… O Madre, non hai pietà di me... non ho più nulla da offrirTi se non l'ultimo respiro della mia vita".

Amma

Sembra che siano necessari un tale ardore e una tale concentrazione per spezzare l'illusione di *maya*. Nulla che faccia parte della creazione può distruggere *maya* perché è anch'esso parte del sogno. Solo la quiete assoluta della mente centrata su Dio può rompere la ruota (del samsara, N.d.T.) o svegliarci dal nostro sonno profondo. Approderemo allora a uno stato in cui si sperimenta la Verità, l'unità di tutte le cose. In quell'istante, liberati da tutte le sofferenze, faremo l'esperienza della beatitudine.

"Si dovrebbe avere un totale abbandono verso quell'Uno che è presente in noi come anima".

Amma

Non pensate che Dio sia da qualche altra parte, separato da voi. L'Essere Supremo è il vostro sostegno, la fonte della vostra energia e intelligenza. Cerchiamo di capire cosa si intende per "abbandono". Il suo significato è riassunto in queste parole di Amma: "Non preoccupatevi, Amma è con voi". In altre parole, vivete la vostra vita quotidiana, comportatevi secondo le circostanze e al meglio della vostra comprensione, accettando i risultati come volontà di Dio, e siate in pace, nel bene e nel male.

Così dichiara il Signore Krishna nella *Bhagavad Gita*:

"È difficile superare questa Mia divina illusione (*maya*), composta dalle tre qualità della Natura o *guna*. Solo coloro che sono esclusivamente devoti a Me superano questa *maya*".

cap. 7, v.14.

"Liberi dalla passione, dalla paura e dall'ira, assorbiti in Me e prendendo rifugio in Me, purificati dal fuoco della saggezza, molti sono giunti a Me".

cap. 4,v.10

"Impegnati a cercare quella Meta dalla quale, una volta raggiunta, non c'è più ritorno. Cerca rifugio in quell'Essere primordiale dal quale ha avuto origine l'eterno movimento".

cap. 15, v.4

"Il Signore, o Arjuna, dimora nel cuore di tutti, spingendoli con la Sua *maya* a ruotare, come se fossero attaccati a una macchina. Prendi rifugio con tutto te stesso solo in Lui, o Bharata. Con la Sua Grazia giungerai alla Pace suprema e all'eterna Dimora".

cap. 18, vv.61-62

Capitolo 13

Innocenti come bambini, ma non infantili

Devoto: "Amma ci esorta a coltivare la natura di un bambino, ma quando lo faccio, finisco per avere un sacco di guai con le persone perché non approvano le mie parole e azioni, reputandole immature. Il mio comportamento è sbagliato?"

Amma: "Dovremmo diventare innocenti come un bambino. I bambini piccoli hanno certe qualità che gli adulti dovrebbero sviluppare per progredire spiritualmente, ma ne hanno anche altre che non bisognerebbe assolutamente alimentare se si vuole essere felici. Questo perché le loro facoltà intellettuali non sono ancora completamente sviluppate. Alcune persone crescono solo fisicamente e, anche quando sono oramai adulte, rimangono infantili".

Cominciamo con l'esaminare le qualità da non coltivare:

Egoismo: per la maggior parte, i bambini sono estremamente egoisti, si preoccupano solo dei propri desideri e piangono, fanno i capricci e vanno in collera se non ottengono ciò che vogliono. Questo tratto infantile dovrebbe scomparire con il passare degli anni, ma permane in parecchi adulti. Questo accade, dice Amma, perché anche se sono cresciuti fisicamente, il loro intelletto rimane immaturo.

Mancanza di discernimento: spesso i bambini parlano e agiscono in modo sconsiderato, senza pensare alle conseguenze. In altre parole, non sanno ben discernere tra quello che andrebbe o non andrebbe fatto, quando parlare e quando tacere. **Irresponsabilità:** i bambini non hanno il senso di responsabilità e fanno ciò che gli passa per la testa. Non hanno alcun senso del dovere né della proprietà.

"Figli, una madre deve avere molta pazienza per crescere i figli. Deve modellare il loro carattere. Il bambino apprende le sue prime lezioni d'amore e di pazienza da lei. Non è sufficiente parlare dell'amore e della pazienza perché i figli assorbano simili qualità. Non è possibile. Occorre che la madre le dimostri con l'esempio e metta in pratica queste due virtù quando si relaziona con loro.

Certo, un bambino può essere molto testardo e intransigente, ma tale atteggiamento è assai comune nell'infanzia perché in questa fase della vita la mente non ha raggiunto il pieno sviluppo. Essendo concentrati solo sui propri bisogni, i bambini possono essere molto egoisti e cocciuti. Il loro comportamento è ammissibile perché rientra nelle leggi della natura. Per contro, se una madre si mostra inflessibile e impaziente, provocherà parecchi danni e creerà un inferno. Una madre deve essere paziente come la terra.

Il padre è coinvolto profondamente come la madre nell'educazione dei figli e anche lui deve essere paziente, per non rovinare l'innocenza e la fiducia del piccolo nei confronti della vita. Se un bambino non avrà mai fatto l'esperienza dell'amore e della pazienza, diventerà un individuo impaziente e inflessibile e avrà molti problemi a inserirsi nella società. Gli amici non saranno pazienti con lui e non ci si potrà neppure aspettare che la sua ragazza o il suo ragazzo lo siano. La società non si mostrerà paziente con un bambino che non lo è. Se i bambini non apprendono dai genitori l'amore e la pazienza non avranno l'opportunità d'impararli da nessun altro.

I bambini esprimono quello che gli si insegna e ciò che hanno ricevuto. Per il bene dei vostri figli, siate dunque molto attenti e cauti, prestate attenzione a ciò che dite e fate perché ogni vostra parola e azione creano un'impronta profonda nella loro mente; essendo infatti le prime cose che i bambini ascoltano e vedono, rimarranno incise indelebilmente in loro.

La madre è la prima persona con la quale il bambino viene a contatto, poi è la volta del padre, seguito dai fratelli e dalle sorelle maggiori. Tutte le altre relazioni s'instaurano più tardi. Pertanto, di fronte ai vostri figli controllate la vostra mente, create un ambiente famigliare favorevole alla loro crescita, altrimenti in futuro avrete molte preoccupazioni".

Amma

Ecco le qualità dei bambini che Amma ci incoraggia a sviluppare:

Vivere nel presente: i bambini pensano raramente al passato o al futuro; sono assorti nel presente e quindi, se le circostanze non sono dolorose, sono spensierati e felici. Non portano il peso dell'inquietudine, che sembra essere una caratteristica degli adulti.

Trattare tutti in modo eguale: un bambino non giudica le persone: che siano uomini o donne – che abbiano un diverso colore della pelle o differenti religioni o nazionalità - ricchi o poveri, giovani o vecchi, tutti sono eguali ai suoi occhi. In genere i bambini hanno fiducia in chiunque e non hanno paura di nessuno.

Non nutrire forti attaccamenti verso le cose: un bambino gioca con un giocattolo a cui sembra essere molto affezionato, ma un attimo dopo può lasciarlo per un altro. Anche se gli si porta via qualcosa, il dispiacere che prova dura poco. Si relaziona con gli altri allo stesso modo, tranne che con i familiari più stretti: madre, padre, sorella o fratello, con i quali ha un rapporto privilegiato.

Non avere attrazione sessuale: i bambini non provano attrazione sessuale e non fanno differenza di genere. Per loro, tutte le donne sono mamma e tutti gli uomini papà. Non sono interessati a ciò che invece attira gli adulti e vivono in un mondo beato, di semplicità e innocenza.

Provare collera per pochissimo tempo: la collera dei bambini dura solo un attimo, non sono capaci di portare a lungo rancore per qualcuno, diversamente dagli adulti. Non considerano le persone cattive, anche se lo sono. Si dice che il re Yudhisthira, uno dei personaggi del *Mahabharata*, non avesse nemici e non vedesse il male in nessuno, sebbene migliaia di persone cercassero di ucciderlo durante la guerra. Suo cugino Duryodhana vedeva solo il male nelle persone e mai il bene.

Avere il senso dello stupore e la spontaneità: per la prima volta nella sua vita un bambino si trovò in un villaggio, lontano dalla metropoli. Mentre era sul marciapiede, un uomo anziano arrivò con il carretto trainato da un cavallo ed entrò in un negozio. Pieno di meraviglia, il bimbo continuava a guardare il cavallo, un animale che non aveva mai visto in vita sua. Quando l'anziano uscì dal negozio e si preparò a partire, il piccolo lo chiamò e disse: "Ehi, signore, volevo dirle che ha appena perso del carburante!"

Dall'altra parte della strada, una bambina con una buccia di banana in mano entrò in un negozio di frutta e verdura. "Cosa desideri cara?", chiese il fruttivendolo.

"Il ricambio", rispose la piccola.

Capitolo 14

Trasformare il lavoro in adorazione

Molti devoti hanno la sensazione di non riuscire a trovare tempo per svolgere sufficienti pratiche spirituali, avendo molte responsabilità o mancando della necessaria forza di volontà. Alcuni hanno l'impressione che il proprio lavoro sia una distrazione e si sentono dilaniati tra due mondi: quello spirituale che dà loro una certa gioia, a casa o nell'ashram, e quello del lavoro. Questo contrasto è per loro insostenibile. Amma dice: "Figli, trasformate ogni vostra azione in un atto di adorazione di Dio". Ma è davvero qualcosa di fattibile?

Vi sono persone che raggiungono la pace meditando molto e vivendo in solitudine, altre ricordando incessantemente Dio o il Guru in ogni loro azione. Entrambi i cammini sono difficili, non è assolutamente facile tenere a freno la mente turbolenta.

Per rendere il nostro lavoro un atto di adorazione, dobbiamo coltivare un atteggiamento interiore di devozione negli altri momenti della giornata. Quando ci svegliamo al mattino, invece di precipitarci in bagno o in cucina o a leggere il giornale, sediamoci sul letto a meditare e pregare per qualche istante. Quando preghiamo, potremmo chiedere a Dio di accettare tutte le nostre azioni della giornata come un atto di adorazione e di far fluire tutti i nostri pensieri verso di Lui, come il fiume

Gange verso l'oceano. Durante il giorno potremmo fare *japa* mentre andiamo e torniamo dal lavoro. Rientrati a casa, dopo aver cenato e trascorso un po' di tempo con la famiglia, dedichiamo del tempo a leggere alcune pagine della *Bhagavad Gita* e dello *Srimad Bhagavatam* o gli insegnamenti del nostro Guru. Se è possibile, cantiamo qualche *bhajan* e recitiamo alcune preghiere. Prima di andare a dormire, chiediamo perdono a Dio per gli errori commessi durante la giornata e al momento di coricarci chiediamoGli che il nostro sonno sia una lunga prostrazione a Lui.

Una volta al mese, potremmo dedicare un'intera giornata alla *sadhana*, a casa o, ancora meglio, in un luogo bellissimo e isolato. Parlo per esperienza: prima di partire per l'India nel 1968, quando vivevo a Berkeley, passavo molto tempo sulle colline, lontano dalla gente, assorto nello studio, nella meditazione e nella preghiera e tutte queste pratiche mi hanno aiutato tantissimo.

"La solitudine è essenziale. Dobbiamo riservare del tempo alla *sadhana* per purificare la mente e rimuovere le *vasana* negative accumulate in passato. La solitudine impedisce alla mente di distrarsi, così che possa raccogliersi naturalmente all'interno".

Amma

Grazie alle pratiche, il ricordo di Dio e la pace impregneranno pian piano la nostra vita quotidiana. Prenderemo coscienza dei pensieri e delle azioni che disturbano la quiete interiore e cercheremo di cambiare il nostro comportamento. Non perderemo la pace neppure nelle situazioni stressanti e non rimarremo così turbati dagli avvenimenti come in passato. Saremo meno reattivi e molto più capaci di rimanere testimoni, spettatori, invece di reagire di fronte a ogni circostanza, vivere in modo altalenante, tra gioia e dolore.

Anche coloro che scelgono la solitudine invece della vita nel mondo dovranno affrontare le proprie *vasana* negative. I *mahatma* affermano che le *vasan*a, o abitudini, sono i principali ostacoli che ci impediscono di provare la pace che si cela in noi, al di là della mente pensante. Il problema è che il più delle volte tali *vasana* sono invisibili e sconosciute poiché giacciono nel nostro subconscio. Meditare profondamente e per lungo tempo le fa salire in superficie, ci consente di diventarne consapevoli e di eliminarle.

Ad ogni modo, sembra che la scelta dello yogi di vivere in una grotta sia un cammino più lento e doloroso di quello di chi si sforza di pensare a Dio ad ogni istante e in ogni circostanza. Le *vasana* di un eremita affioreranno quando si presenteranno le circostanze favorevoli, mentre quelle di chi svolge un'intensa *sadhana* rimanendo nel mondo si esauriranno più rapidamente, gradualmente e naturalmente attraverso le sue interazioni con l'ambiente circostante.

Vivere nel mondo o con gli altri ci offre numerose occasioni per sradicare la collera, una delle emozioni distruttive più diffuse e potenti. Come potremo sapere quanta collera è ancora latente in noi se viviamo da soli in una grotta? Agli esordi della mia vita spirituale ho assistito a una scena che mi è rimasta impressa per sempre. Ero appena arrivato ad Arunachala quando un anziano devoto dell'ashram si offrì di mostrarmi alcuni luoghi sacri di Tiruvannamalai e dei dintorni. Visitammo parecchie grotte sulla collina sacra e anche dei tempietti e poi andammo sulla collina di Pazhavakunram, in una grotta dove dimorava da molti anni uno yogi. Mentre stavamo per arrivare, vidi un pastore giungere con il suo gregge davanti alla grotta.

All'improvviso lo yogi che vi abitava uscì e si mise a urlare contro il pastore, minacciandolo di uccidere tutte le capre se non avesse smesso di passare di lì, disturbando la sua meditazione! Questa esplosione di collera, da parte di una persona che viveva da anni in una grotta a meditare, mi scioccò profondamente. Non desideravo assolutamente comportarmi allo stesso modo. Vivere come un recluso richiede indubbiamente una grande forza di volontà, ma non sembra che possa portare alla luce e disperdere l'oscurità dell'ego.

Un devoto che desidera la grazia di Dio dovrebbe sempre stare attento a ciò che dice. Le parole hanno un potente impatto non solo su chi le ascolta ma anche, se non di più, su chi le pronuncia. Il loro potere di purificare o d'inquinare l'atmosfera si estende anche alla mente.

Diamanti e rospi

C'era una volta una donna che aveva due figlie. La maggiore le assomigliava molto, nell'aspetto e nei modi. Entrambe erano così antipatiche e orgogliose che era impossibile viverci assieme. La figlia minore assomigliava al padre: era buona, mite e molto bella.

Poiché di solito si ama chi più ci somiglia, la madre prediligeva la figlia maggiore e non sopportava la minore: la faceva mangiare sul pavimento della cucina e lavorare da mattina a sera. Una storia che ricorda molto quella di Cenerentola.

Questa povera fanciulla doveva inoltre recarsi nel bosco due volte al giorno e riempire un grande secchio con l'acqua della sorgente, lontana tre chilometri da casa. Un giorno, mentre era alla fonte, una povera donna le si avvicinò e le chiese da bere. "Certamente signora!", disse la fanciulla dall'animo gentile. Con il secchio prese un po' di quell'acqua sorgiva, limpida e fresca, in modo che la donna potesse bere senza fatica. Dopo essersi dissetata, la sconosciuta disse: "Mia cara, sei molto dolce e graziosa, così buona e gentile che non posso fare a meno di ricambiarti con un dono". In realtà la donna era una fata che aveva preso le sembianze di una povera campagnola per vedere come quella ragazza l'avrebbe trattata. "Questo è il dono che ti faccio: ad ogni parola che dirai, dalla tua bocca uscirà un fiore o un gioiello".

Quando la ragazzina tornò a casa, la madre la rimproverò per il suo ritardo. "Ti chiedo scusa, mamma", disse la poverina, "per non essere tornata in fretta". E mentre parlava dalla sua bocca uscirono due rose, due perle e due grossi diamanti.

"Cosa vedo?" esclamò la madre molto sorpresa, "Mi sembra di avere visto perle e diamanti uscire dalla bocca di questa ragazza! Com'è accaduto, figlia mia?" Era la prima volta che la chiamava "figlia mia" o che le parlava gentilmente.

La poverina le raccontò tutto quello che era accaduto alla sorgente e il dono della vecchia donna, mentre gioielli e fiori continuavano a uscire dalla sua bocca.

"Che meraviglia!", gridò la madre, "Devo mandare anche l'altra mia figlia alla fonte. Ragazza, vieni a vedere cosa esce dalla bocca di tua sorella quando parla! Non ti piacerebbe ricevere lo stesso dono? Devi solo prendere il secchio e andare alla sorgente nel bosco e, se una povera donna ti chiederà da bere, offrirle dell'acqua".

"Davvero stupendo!", commentò la ragazza egoista, "Ma non occorre che vada ad attingere l'acqua, basta che mia sorella mi dia i suoi gioielli. Lei non ne ha bisogno".

"Certo che ci andrai", ribatté la madre, "e subito anche!"

Brontolando e imprecando, la sorella maggiore uscì infine di casa portando con sé il secchio d'argento più bello della casa. Non appena arrivò alla fonte, vide una bellissima donna uscire dal bosco e avvicinarsi a lei chiedendole dell'acqua. Era la stessa fata incontrata da sua sorella minore, che adesso aveva assunto le sembianze di una principessa.

"Non sono venuta fin qui per servirle dell'acqua", esclamò la ragazza orgogliosa ed egoista, "Pensa che mi sia portata questo secchio d'argento fin qui solo per darle da bere? Può prendere l'acqua dalla sorgente da sola, come faccio io".

"Non sei molto gentile", disse la fata, "Poiché sei così sgarbata e villana, ti farò questo dono: ogni volta che parlerai, dalla tua bocca usciranno rospi e serpenti".

Non appena la madre vide tornare la figlia urlò: "Allora, tesoro, hai visto la fata buona?".

"Sì madre", rispose la ragazza orgogliosa, e mentre parlava due serpenti e due rospi le uscirono di bocca.

"Cosa vedo?" urlò la madre, "Cos'hai fatto?"

La ragazza cercò di rispondere, ma a ogni sua parola rospi e serpenti le uscivano dalle labbra. E fu così per sempre: gioielli e fiori uscivano dalle labbra della figlia minore, così amabile e gentile, mentre la maggiore non poteva parlare senza che serpenti e rospi uscissero dalla sua bocca.

Quando riusciremo a risvegliare in noi il ricordo ininterrotto di Dio, saremo pervasi da una quiete incomparabile, che trascende i pensieri e le emozioni. Benché impegnati nell'azione, saremo in grado di "tenere stretta" questa quiete con una mano, continuando a svolgere le nostre attività con l'altra. A poco a poco ci distaccheremo dalle nostre azioni per dimorare in quella pace, pur lavorando intensamente.

In effetti, meditare mentre si lavora è una *sadhana* molto efficace, si diventa come un attore sul palcoscenico che recita la propria parte senza identificarsi con il ruolo che interpreta.

Capiremo allora il significato di queste parole di Shakespeare:

"Tutto il mondo è un palcoscenico,
uomini e donne sono solo attori
con le loro entrate e uscite di scena.
Nella sua vita, ognuno
interpreta molti ruoli
e gli atti sono le sette età della vita".

Iacopo, atto 2, scena VII

Lottare senza collera

Ecco una storia interessante, tratta dalla vita di un re che riuscì a dedicare persino le sue battaglie a Dio. Questo sovrano combatteva da trent'anni contro un nemico molto forte e un giorno si presentò l'opportunità di vincere: il suo avversario cadde da cavallo e il re piombò su di lui con la lancia in mano. Ancora un secondo e la lancia avrebbe trapassato il cuore del nemico e tutto sarebbe finito. Ma in quella frazione di secondo il nemico sputò in faccia al re e la lancia si fermò. Il re si toccò il volto, si alzò e disse al nemico: "Ricominciamo domani".

Allibito, l'avversario chiese: "Cos'è successo? È da trent'anni che aspettiamo questo momento. Speravo che un giorno o l'altro avrei potuto sedermi sul tuo petto con la mia lancia e finirti. Non ho mai avuto questa opportunità, che adesso è capitata a te. Avresti potuto uccidermi in un attimo. Qual è il problema?".

Il re rispose: "Questa guerra non è come le altre, ho fatto il voto di combattere senza collera e per trent'anni ho lottato senza animosità. Ma per un istante la collera è apparsa. Quando mi hai sputato in faccia mi sono arrabbiato, e la situazione è diventata una questione personale. Volevo ucciderti, l'ego è affiorato. Fino ad oggi, per trent'anni non ci sono stati problemi: combattevamo per una causa. Tu non eri un mio nemico e non c'era nulla di personale nella battaglia che combattevo; non avevo nessuna voglia di ucciderti, volevo solo che la causa trionfasse. Ma per un attimo ho dimenticato questa causa, tu eri il mio nemico e volevo ucciderti. Ecco perché non posso andare avanti. Quindi riprenderemo domani".

Ma la guerra non riprese perché il nemico si trasformò in amico. L'ex avversario disse: "Ora insegnami, sii il mio maestro e io il tuo discepolo. Anch'io vorrei combattere senza collera".

La *Bhagavad Gita* insegna con estrema chiarezza il principio dell'agire con distacco.

"Rimanendo equanime nel piacere e nel dolore, nel guadagno e nella perdita, nella vittoria e nella sconfitta, preparati a combattere la battaglia (della vita)".

cap. 2, v. 38

"Con animo distaccato, compi dunque ciò che va fatto. L'uomo che agisce senza attaccamento raggiunge il Supremo".

cap. 3, v.19

"Abbandonando a Me tutte le azioni, fissa la Tua mente sul Sé e, privo di aspettative, di egoismo e della febbre dell'illusione, combatti. Chi pratica assiduamente questo Mio insegnamento con fede e senza cavillare sarà libero dai legami dell'azione".

cap. 3, v. 30-31

"Senza alcun attaccamento, lo *yogi* agisce con il corpo, con la mente, con l'intelletto e persino con i sensi, solo per purificare se stesso. Colui che mantiene stabile la mente, avendo abbandonato i frutti delle azioni, ottiene per sempre la pace nata dalla devozione. Chi però non ha una mente stabile e, spinto dal desiderio, rimane attaccato al frutto dell'azione, ne resta vincolato".

cap. 5, 11-12

Studiando gli insegnamenti di un Maestro, stando accanto a una Grande Anima (*mahatma*) come Amma, acquisiamo la fede, la certezza che gli insegnamenti spirituali sono la verità suprema. La vera natura dell'essere individuale è molto più sottile del corpo e della mente; è il principio infinitamente sottile della coscienza indistruttibile, l'*Atman*, l'"Io". L'*Atman* e la sua origine, *Brahman*, la Realtà suprema, sono identici in essenza, come una scintilla e il fuoco.

La spiritualità è il modo di vivere che mira a raggiungere lo scopo ultimo della vita, la realizzazione, l'esperienza diretta dell'unione dell'*Atman* con l'Essere Supremo, Dio. Finché non si fa questa esperienza, l'individuo continua a reincarnarsi nel ciclo senza fine di nascita, morte e rinascita, chiamato *samsara*.

Le tecniche che insegnano a trascendere l'identificazione con il complesso corpo-mente sono chiamate yoga e vanno praticate fino a quando si ottiene la liberazione dal *samsara*.

Proteggere la propria fede

"Se perdete la fede, sarete pervasi da un doloroso senso di futilità verso tutte le cose".

Amma

Come si perde la fede? A volte, frequentare persone o leggere libri che incoraggiano una vita puramente materialistica scuote la fede. Perdiamo la nostra direzione spirituale, il nostro scopo, e solo una visione materialistica delle cose sembra avere senso. Persino l'ambiente in cui viviamo e il cibo che mangiamo possono talvolta produrre tale cambiamento. Se seguiamo questa strada, finiremo per essere delusi, in questa vita o in un'altra, perché il materialismo non potrà mai appagare l'anima individuale o *jiva*. Perché no? Perché noi siamo, in essenza, puro spirito, temporaneamente legato a un corpo, e in questa vasta creazione vaghiamo costantemente alla ricerca di una felicità perenne. Ci sentiremo realizzati solo diventando un tutt'uno con la nostra fonte spirituale. Ecco perché Amma afferma che, se lasciamo il cammino, saremo pervasi da un doloroso senso di futilità.

"Prestate attenzione all'essenza dei consigli di Amma e coltivate la purezza interiore. Allora, figli, il mondo divino della Beatitudine eterna risplenderà dentro di voi".

Amma

Qual è l'essenza dell'insegnamento di Amma? Realizzare il Sé. Come? Il primo passo è coltivare la purezza interiore. La purezza del corpo, ottenuta lavandolo e mantenendolo pulito, non ci può dare la purezza interiore. Se così fosse, le anatre e i pesci avrebbero una mente pura e sarebbero tutti santi. Per purezza interiore si intende la purezza della mente. Sappiamo tutti riconoscere i pensieri puri e quelli impuri. I pensieri puri ci portano pace e felicità, mentre quelli impuri ci agitano e ci rendono infelici. Dobbiamo discernere tra questi due tipi di pensieri, coltivando i primi e rifiutando i secondi. Non è un compito facile. Non sapendo assolutamente cosa sia la vera spiritualità, intratteniamo pensieri impuri, materialistici, da tempo immemorabile.

Tutte le pratiche spirituali mirano a purificare la mente dai pensieri *rajasici* e *tamasici* e ad aumentare quelli *sattvici*. Questo è lo scopo della *sadhana*. Alla fine, persino i pensieri *sattvici* dovranno essere abbandonati per consentire alla nostra natura divina di rivelarsi. Il mondo divino della beatitudine eterna è dentro di noi ed è la natura stessa della mente purificata. "Il Regno dei Cieli è dentro di voi", ha detto Gesù. Se la nostra mente sarà pura dimoreremo nella gioia, nella pace e nella pura e immutabile beatitudine qualunque sia il mondo in cui vivremo fra gli innumerevoli mondi esistenti. Una mente agitata è l'inferno stesso. Persino se ci troviamo nell'inferno, se la nostra mente è pura saremo nella beatitudine, uno stato di coscienza che trascende la sofferenza.

Un santo sufi

Mansur Al-Hallaj era un famoso sufi del decimo secolo, torturato e ucciso nel 922 per avere dichiarato "Ana al Haq", ovvero, "Io sono la Verità". Morì con un sorriso sul volto, nella conoscenza del Sé.

Nella *Bhagavad Gita*, Sri Krishna descrive questo stato:

"Avendola conseguita, egli comprende che non c'è acquisizione più alta. Saldamente stabilito in essa, nulla lo può più scuotere, nemmeno un grande dolore. Sappi che la rottura dell'unione con ciò che produce sofferenza è chiamata Yoga (unione con il Divino). Tale Yoga dovrebbe essere praticato con determinazione e senza perdersi d'animo.

Abbandonando senza eccezioni tutti i desideri, nati dall'immaginazione, tenendo a freno con la mente tutti i sensi rivolti in ogni direzione, che lo *yogi* si raccolga gradualmente in se stesso, aiutato da un fermo intelletto (*buddhi*). Avendo fissato la (sua) mente sul Sé, che egli non pensi più a nulla. Qualunque sia il motivo a indurre la mente instabile e irrequieta a vagabondare, che egli la riporti sotto il controllo del Sé.

Poiché ottiene la felicità suprema lo *yogi* la cui mente è in una pace profonda e che ha placato l'impulso ad agire; senza macchia, costui è divenuto uno con *Brahman*.

Rimanendo costantemente raccolto interiormente, libero da ogni peccato, egli consegue facilmente la beatitudine infinita che scaturisce dal contatto con *Brahman*".

cap. 6, vv.22-28

Capitolo 15

Il grande potere di maya

"*Maya*, il grande potere dell'illusione, ci impedisce di progredire spiritualmente. Trascorriamo i nostri giorni incentrati sulla coscienza corporea e con un cuore colmo di dolore. Che tristezza che il demone del desiderio, che ci irretisce con tentazioni illusorie, ci scaraventa nell'abisso oscuro di *maya* trasformandoci in cibo per il dio della morte. Poveri voi se finite nella sua morsa perché perderete la vostra anima. Tutte le preoccupazioni avranno fine se rinuncerete ai desideri e riporrete in Dio tutta la vostra speranza".

Amma

Maya, il potere divino dell'illusione, ci trascina sempre verso il basso, allontanandoci dalla realizzazione di Dio, dalla nostra fonte, l'Oceano di beatitudine. *Maya* ci induce a dimenticare il nostro vero Sé, portandoci a identificarci con la parte effimera di noi stessi: il corpo e la personalità. Una volta avvenuta questa identificazione, la vera felicità ci sfugge e finiamo per cercarla gratificando continuamente i sensi e la mente. Fino alla morte, il dolore e la felicità si alternano nella nostra vita e solo il sonno profondo sembra recarci un certo sollievo. Nemmeno la morte è la soluzione a questo eterno problema perché incontreremo la stessa illusione nel mondo successivo e persino dopo. Quando ce ne rendiamo

conto e sappiamo che l'unica soluzione è la Liberazione, dobbiamo impegnarci con zelo per conseguirla.

Purtroppo *maya* riveste di fascino le cose, presentandocele come possibili fonti di piacere e di felicità, e ci nasconde il loro lato negativo, l'eventuale sofferenza che producono. Ciò che ci incanta è soprattutto l'aspetto fisico. La bellezza fisica attrae tutti, ma come dice il proverbio: "Non è tutto oro quello che luccica". Una persona bella e ben vestita può essere un demone interiormente e, se potessimo vedere oltre l'apparenza, non ne saremmo così attratti!

Sfortunatamente, anche dopo aver trascorso la vita rincorrendo *maya*, non otteniamo la felicità o la pace duratura tanto desiderata. Continuiamo a ripetere le stesse azioni come una mucca che rumina e, a differenza di Amma, la nostra visione grossolana ci impedisce di scorgere l'Imperituro nel perituro.

La cosa più strana è che, anche quando sentiamo, capiamo e sappiamo che tutto questo è vero, non riusciamo a impegnarci seriamente per porvi rimedio. E anche se imbocchiamo il cammino del ritorno alla Verità, le nostre abitudini antiche ci riportano nell'oceano del *samsara*. Abbiamo l'impressione che le verità spirituali siano solo un obiettivo auspicabile e non un'urgente verità da realizzare. Siamo come creature che giacciono sul fondale dell'oceano, a cui non interessa nuotare e salire in superficie per godere della luce. Solo quando avvertiremo l'estrema gravità della situazione, faremo lo sforzo necessario per sfuggirla. Prima di allora, Amma ci dirà ripetutamente: "Fate così, figli miei", e noi risponderemo: "Non ancora, Amma, prima ho altre cose importanti da fare".

Il ricco mercante

C'era una volta un ricchissimo mercante proprietario di numerosi negozi ed empori. Sulla strada tra l'ufficio e la sua casa, c'era un tempietto dedicato a Shiva. Ogni sera, quando rientrava a casa, si fermava al tempietto e onorava il Signore, deponendo tutte le preoccupazioni ai Suoi piedi. "O Signore Shiva", pregava, "sono stanco di questa vita. Quante preoccupazioni, quanto lavoro, quante notti insonni! Ti prego, liberami da tutti questi problemi portandomi ai Tuoi piedi!" Questa era la preghiera che recitava ogni giorno, ma quando arrivava al tempio dopo il lavoro era sempre molto tardi. Il sacerdote era assai irritato da questa sua abitudine. L'orario di chiusura era fissato per le nove di sera, ma il mercante arrivava sempre dopo le dieci e il sacerdote doveva restare alzato finché il devoto non se n'era andato. Non poteva neppure rifiutare di farlo entrare per paura di perdere il posto, poiché il mercante era una persona influente. Pregò dunque il Signore di trovare un modo per porre fine a questa situazione fastidiosa.

Alla fine escogitò un piano. Erano le dieci di sera quando, come al solito, il mercante arrivò. Il sacerdote si nascose dietro la statua del Signore Shiva e come d'abitudine il mercante cominciò la sua preghiera: "O Signore, sono stanco di questa misera vita. Ti prego, portami ai Tuoi piedi".

Non aveva ancora finito di pronunciare le ultime parole quando si udì una voce tonante provenire dal sancta sanctorum: "Vieni, vieni subito da me e ti terrò con Me per sempre!". L'uomo quasi svenne dallo shock. Appena ebbe ritrovato la voce gridò: "O Signore, scusami, ma ho centinaia di responsabilità da assolvere. Il matrimonio di mia figlia è fissato per la prossima settimana, mio figlio deve entrare alla facoltà di medicina e mia moglie è andata a far visita a mio genero e non è ancora tornata. Ho acquistato un altro emporio e devo firmare il rogito questo venerdì. O Signore, quando avrò sistemato tutte queste cose verrò da Te!". Appena finì di parlare corse fuori dal tempio e il sacerdote non dovette più rimanere alzato fino a tardi perché l'uomo non si fece più vedere!

Ogni giorno veniamo a sapere di giovani ambiziosi e di successo che muoiono all'improvviso. "A *me non accadrà di certo una cosa simile*", pensiamo. Siamo succubi del fascino di *maya* fino alla fine e ci troviamo invischiati a inseguire un obiettivo o un altro, dimentichi della Verità, diventando così "cibo per il dio della Morte". Solo se dedichiamo la nostra vita a conseguire la realizzazione spirituale, quando lasceremo questo mondo giungeremo a Dio invece che all'*altro* dio, quello della morte.

Padroneggiare i desideri

Il famoso autore e filosofo russo, Leo Tolstoj, ha scritto un racconto che ci mostra con una metafora la necessità di porre dei limiti ai nostri desideri, alle grandi lusinghe di *maya*, e illustra sapientemente questa verità: dimenticando l'esistenza della morte, potremmo farci prendere dalla smania di raggiungere a tutti i costi i nostri obiettivi e finire in pasto a quel dio.

C'era una volta un contadino di nome Pahom che lavorava duramente e onestamente per la propria famiglia ma che, non possedendo nessuna terra, non riusciva a uscire dalla spirale della povertà. Vicino al villaggio in cui viveva c'era una donna, una piccola proprietaria terriera che possedeva una tenuta di circa 120 ettari. Un inverno, si sparse la voce che la donna avesse intenzione di vendere il terreno. Pahom venne a sapere che un suo vicino ne stava comprando circa venti ettari e che la donna gli permetteva di pagare metà dell'importo in contanti e l'altra metà un anno più tardi.

Pahom e la moglie si misero a pensare a un modo per poter acquistare un appezzamento. Avevano da parte cento rubli. Vendettero un puledro e metà delle api e inviarono un loro figlio a lavorare come bracciante agricolo riscuotendo in anticipo la sua paga. Presero in prestito del denaro da uno dei cognati e così riuscirono a racimolare metà dell'importo richiesto. A quel punto Pahom scelse un appezzamento di circa sedici ettari, coperto in parte da un bosco, e poi andò dalla donna ad acquistarlo.

Adesso l'uomo aveva un terreno tutto suo. Si fece prestare delle sementi che seminò ed ebbe un buon raccolto. In un anno riuscì a pagare i suoi debiti alla donna e al cognato. Diventò così un imprenditore agricolo che arava e seminava la sua terra, produceva il suo fieno, tagliava i propri alberi e faceva pascolare il suo bestiame nella sua terra.

Un giorno, mentre era seduto davanti a casa, un contadino che stava passando per il villaggio si fermò da lui. Pahom gli chiese da dove provenisse e il forestiero rispose che veniva da un luogo oltre il fiume Volga, dove aveva lavorato. Una parola tirò l'altra e l'uomo raccontò che laggiù c'erano molte terre in vendita e che parecchia gente andava a comprarle e a stabilirsi lì. La terra era talmente fertile, disse, che un contadino arrivato senza possedere nulla, ora aveva sei cavalli e due mucche.

Il cuore di Pahom fu invaso dal desiderio. "Perché dovrei soffrire in questo buco", pensò, "quando potrei vivere agiatamente altrove? Venderò la terra e la fattoria e con il ricavato andrò là ricominciando da zero". Così vendette il terreno, la casa e il bestiame a un buon prezzo e si trasferì con l'intera famiglia nel nuovo posto. Tutto ciò che il contadino gli aveva raccontato era vero e Pahom diventò dieci volte più ricco di prima. Acquistò molta terra arabile, dei pascoli e tutto il bestiame che desiderava.

All'inizio, quand'era preso dall'entusiasmo di costruire e di vivere in una nuova dimora, si sentiva felice, ma quando si abituò alla novità, ebbe la sensazione che, nonostante tutti i suoi averi, non fosse pienamente soddisfatto.

Un giorno passò di lì un uomo che si occupava della compravendita di terreni e gli disse che veniva da molto lontano, dal paese dei Baschiri, dove aveva acquistato oltre cinquemila ettari per soli mille rubli. "Devi solo farti amici i capi", disse, "Per un centinaio di rubli ho regalato loro abiti e tappeti, una cassa di tè, vino a chi lo beveva e in cambio ho ricevuto terreni per meno di due centesimi a mezzo ettaro".

Pahom si disse: "Là, potrei possedere molta più terra, dieci volte di più di quella che già posseggo. Devo provarci anch'io". Così lasciò la cura della fattoria e dei terreni alla famiglia e si mise in viaggio con un suo servo. Lungo la strada si fermarono in una città per comprare una cassa di tè, del vino e altri regali, come gli aveva consigliato quell'uomo, e poi ripresero il cammino. Dopo circa cinquecento chilometri, il settimo giorno giunsero all'accampamento dei Baschiri.

Non appena videro Pahom, i Baschiri uscirono dalle tende e si radunarono intorno al visitatore e gli offrirono del tè e molto cibo. L'uomo prese i regali dal suo carro e li distribuì, dicendo loro che era venuto a comprare un po' di terra. I Baschiri sembrarono molto contenti della notizia e gli dissero che avrebbe dovuto parlare con il loro capo. Inviarono qualcuno a chiamarlo e quando lui arrivò gli spiegarono il motivo della visita di Pahom.

L'uomo ascoltò per un po', poi fece loro cenno con il capo di non parlare e, rivolgendosi direttamente a Pahom, disse: "D'accordo, affare fatto. Scegli l'appezzamento che desideri. Ne abbiamo tanti".

"A quale prezzo?", chiese Pahom.

"Il nostro prezzo è sempre lo stesso: mille rubli al giorno".

Pahom non capiva.

"Al giorno? Ma che unità di misura è questa? A quanti ettari corrispondono?"

"Noi vendiamo al giorno. Per mille rubli potrai avere tutta la terra che riuscirai a percorrere a piedi in una giornata".

Pahom era sorpreso. "Ma in una giornata si può camminare coprendo un bel tratto di terra", disse. Il capo rise.

"E sarà tutto tuo!", rispose, "Ma a una condizione: se non ritorni al punto di partenza nello stesso giorno, perderai il denaro".

Pahom era tutto contento, ma quella notte non riuscì a dormire. Continuava a pensare alla terra. "Quanta strada riuscirò a coprire! In un giorno riesco a percorrere con facilità oltre cinquanta chilometri e c'è così tanta terra nel raggio di cinquanta chilometri!", si diceva.

Al mattino tutti i Baschiri si prepararono per la partenza. Salirono su una collina e poi, scendendo dai carri e dai cavalli, si radunarono in un punto. Il capo si avvicinò a Pahom e stese il braccio a indicare la pianura.

"Guarda", disse, "tutto quello che vedi fin dove si spinge il tuo occhio sarà tuo. Prendine quanto ne vuoi".

Gli occhi di Pahom brillarono: erano terreni vergini, piatti come il palmo della mano, neri come il seme del papavero e nelle vallate crescevano diversi tipi di erba fino all'altezza del petto. Si tolse il pastrano, mise una piccola sacca di pane nella tasca del gilet e, legata una borraccia d'acqua ai pantaloni, si preparò a partire. Per un istante si fermò a pensare alla direzione da prendere perché tutto era allettante e poi si mise in marcia. La sua andatura non era né troppo lenta né troppo veloce. Dopo aver percorso quasi un chilometro si fermò per una pausa; gli sembrava di averne percorsi quasi cinque. Adesso faceva abbastanza caldo; guardò il sole e pensò che era ora di fare colazione.

"Camminerò ancora altri cinque chilometri", si disse, "poi girerò a sinistra. Quest'area è così bella che sarebbe un peccato perderla. Più si avanza, più il terreno sembra migliore".

Proseguì dritto per un po' e, quando si guardò intorno, la collina era appena visibile e le persone in cima sembravano formiche nere; tutto ciò che riusciva a vedere era una macchia indistinta brillare nel sole. "Ah", pensò Pahom, "mi sono già spinto abbastanza in questa direzione, è ora di tornare e ho anche molta sete".

Continuò ancora e ancora; l'erba era alta e faceva molto caldo. Pahom cominciò a sentirsi stanco; guardò il sole e vide che era mezzogiorno. "Bene", pensò, "è meglio che adesso mi riposi". Si sedette, mangiò un po' di pane, bevve un po' d'acqua e poi si disse: "Soffrire un'ora, vivere una vita", e così si rimise in cammino. Camminò a lungo e infine guardò verso la collina.

Offuscata dal calore, l'aria sembrava tremare e attraverso la foschia le persone sulla collina si distinguevano a malapena.

Guardò il sole: si trovava a metà dall'orizzonte: gli restavano oltre quindici chilometri da percorrere.

Pahom si diresse direttamente verso la collina, ma ora camminava con difficoltà. Era esausto per il calore, i suoi piedi nudi erano pieni di tagli e contusioni e le gambe cominciavano a cedere. Avrebbe tanto voluto riposare, ma non era possibile se voleva tornare per il tramonto. Il sole non aspetta nessuno e continuava ad abbassarsi sempre di più. L'uomo continuava a camminare e, anche se gli costava molta fatica, accelerò il passo. Benché si affrettasse, la meta era ancora lontana. "Cosa faccio adesso?" si chiese, "Ho voluto prendere troppa terra e ho rovinato tutto. Non riuscirò ad arrivare in cima prima del tramonto".

Questa paura gli tolse ancora di più il respiro. Pahom continuò a correre, con la camicia intrisa di sudore, i pantaloni attaccati alla pelle e la bocca inaridita. Il petto si gonfiava come il mantice di un fabbro, il cuore gli batteva come un martello e le gambe stavano cedendo, come se non gli appartenessero più. Il terrore lo invase. "E se morissi per lo sforzo?" Nonostante la paura della morte non riusciva a fermarsi. "Dopo aver corso per tutto questo tempo, se mi fermo mi daranno dello stupido".

Così continuò a correre e mentre si avvicinava sentiva i Baschiri gridare e incitarlo: le loro grida infiammarono maggiormente il suo cuore. Raccolse le ultime forze e continuò a correre.

Il sole era vicino all'orizzonte e stava per tramontare! Pur essendo il sole molto basso, l'uomo stava per arrivare al traguardo. Già vedeva la gente sulla collina che agitava le braccia perché si affrettasse. Con tutte le forze rimanenti fece un ultimo slancio: il corpo era talmente proteso in avanti che le gambe faticavano a stargli dietro per impedirgli di cadere. Proprio quando raggiunse la collina, calò la notte. Alzò gli occhi: il sole era già tramontato! Lanciò un grido: "Tutta la mia fatica è stata vana!".

Stava per fermarsi quando sentì i Baschiri che stavano ancora gridando e si ricordò che, se in basso il sole sembrava essere già tramontato, sulla collina lo si vedeva ancora. Fece un profondo respiro e corse fino in cima. Lì c'era ancora luce. Arrivò in alto: seduto, il capo dei Baschiri rideva a crepapelle tenendosi la pancia. Pahom fece un urlo, le gambe si piegarono e cadde disteso. Pahom era morto!

Il suo servo prese una vanga e scavò una fossa abbastanza lunga per posarvi Pahom e poi lo seppellì. Un metro e ottanta in tutto, dalla testa ai piedi, non gli occorreva di più!

Capitolo 16

Dio è il potere dietro ogni azione

Solo la grazia di Dio può eliminare le vasana

In una delle battaglie tra esseri celesti e demoni, furono gli dei a prevalere. Queste battaglie tra le forze positive della virtù e quelle negative del vizio hanno luogo in ogni tempo e su tutti i piani di coscienza. Talvolta vincono le forze del bene, altre quelle del male, e in questo caso vinsero gli esseri celesti. Questa vittoria li riempì d'orgoglio e cominciarono a vantarsi pensando che il successo fosse dovuto alla loro forza, dimenticando il Potere invisibile che si cela dietro ogni azione, descritto come la Vita della vita, il Signore, il Potere divino.

Per rimuovere tale vanagloria, un ostacolo sul cammino spirituale, il Supremo e compassionevole Brahman, l'Onnisciente, la pura Coscienza, apparve sotto forma di uno *yaksha* - uno spirito misterioso, una creatura sovrumana che non avevano mai visto, gigantesca e d'indicibile forza - e tutti quanti gli dei rimasero stupefatti alla vista di questo Essere così meraviglioso.

Agni, il dio del fuoco, fu incaricato di scoprire chi o cosa fosse quell'Essere, ma prima che riuscisse a porgli una minima domanda, lo *yaksha* lo interrogò e gli chiese di presentarsi e di dire quale potere avesse. Agni dichiarò con orgoglio che era il famoso dio del fuoco, il primo tra gli esseri celesti, capace di ridurre in cenere il mondo intero nel caso fosse necessario dimostrare il suo potere. Quell'Essere mise qualche filo di paglia davanti ad Agni, chiedendogli di bruciarlo, ma il dio del fuoco non fu in grado di farlo perché lo *yaksha*, il Potere supremo che governa tutte le azioni, gli aveva tolto questo potere. Agni fu dunque incapace di bruciare e persino di scuotere un fuscello di paglia… lui, il dio del fuoco! A capo chino per la vergogna e la frustrazione, Agni tornò dagli dei.

Fu allora la volta di Vayu, il dio del vento, di andare a indagare sulla vera natura dello *yaksha*. Quando gli fu posta la domanda fatta ad Agni, anche lui ebbe la stessa sorte. "Con il mio soffio posso spazzare via ogni cosa su questa terra!" proclamò con fierezza Vayu. Lo *yaksha* gli mise dinanzi un filo d'erba e gli chiese di soffiarlo via. Vayu ci provò, ma il filo d'erba non si mosse. Tentò di nuovo con tutta la sua forza senza riuscire a spostarlo minimamente. Il suo ego era in frantumi. Imbarazzato e avvilito, Vayu dimenticò persino di chiedere allo *yaksha* chi fosse e ritornò dai compagni umiliato.

Allora si fece avanti Indra, il re degli esseri celesti, l'imperatore dei tre mondi, pensando che, essendo il loro sovrano, probabilmente sarebbe riuscito là dove gli altri dei avevano fallito. Indra era certamente il più potente di tutti loro. Si mise così in viaggio, ma quando arrivò lo *yaksha* era scomparso e al suo posto vide una bellissima donna, la dea Parvati. Indra le chiese dello *yaksha* e lei rispose: "Lo *yaksha* era l'Essere Divino in persona. È grazie al Suo potere che avete potuto vincere i demoni".

Indra capì allora che gli dei si erano mostrati stupidamente orgogliosi e che il potere che sostiene chiunque e qualunque cosa proviene dall'invisibile Essere Supremo, Colui che compie tutte le azioni. Reso umile da tale comprensione, Indra partì per informare tutti gli altri esseri celesti e Parvati scomparve. Essendo stato il primo dio a capire che solo l'Essere Supremo è l'autore di tutte le azioni, fu considerato il più grande tra tutti gli dei.

Una delle lezioni di questa storia è che possiamo vincere le *vasana* negative solo con la grazia di Dio. Senza la Sua forza e la Sua Volontà non si muove nemmeno un filo d'erba. L'umiltà è una qualità fondamentale per poter assimilare i principi della spiritualità. Ricordiamoci sempre che è Dio a dirigere l'intera opera, è Lui che l'ha scritta ed è Lui a prendersi cura anche della più piccola creatura. La vera umiltà appare quando diventiamo consapevoli della Sua presenza in noi. Perché questo accada, non è sufficiente avere uno stato d'animo devoto, occorre che tale presa di coscienza diventi un'esperienza diretta, scaturita da una *sadhana* intensa e dall'abbandono.

A questo proposito, citiamo le parole di Gesù Cristo, quella Grande Anima che è l'incarnazione della rinuncia e della fede:

"Osservate come crescono i gigli dei campi, non faticano né filano; eppure io vi dico che nemmeno Salomone in tutta la sua gloria vestiva come uno di loro. Ora, se Dio veste così l'erba del campo, che oggi è viva e domani verrà gettata nel forno, non farà assai più per voi, gente di poca fede? Non siate quindi inquieti chiedendovi: 'Cosa mangeremo? Cosa berremo? Cosa indosseremo?' Cercate prima il regno di Dio e la sua giustizia e tutte queste cose vi saranno date in più".

Matteo, 6,25-34

Il Divino è dietro a ogni singolo evento di questo mondo - piccolo o grande, importante o insignificante - ed è il Suo Potere a compiere ogni cosa. Lui è il solo responsabile della vittoria o della sconfitta. Dio opera miracoli e, se solo analizzassimo profondamente le cause di tutto ciò che capita nella nostra vita, tutto ci sembrerebbe un miracolo. Dio è ovunque, ma non è possibile vederLo come possiamo vedere un oggetto o una persona. Dobbiamo dunque meditare su di Lui come la Causa ultima di tutto quanto accade in questo mondo e in tutti gli altri mondi.

"L'abbandono giunge quando ci rendiamo conto della nostra impotenza e realizziamo che tutto quanto riteniamo nostro - intelletto, bellezza, fascino, salute e fortuna - non è nulla dinanzi alla grande e imminente minaccia della morte. La morte vi strapperà via ogni cosa. Questa comprensione produce un risveglio interiore, rendendovi vigili, e così capite che le cose che rivendicate come vostre non vi appartengono realmente. Abbandonatevi dunque a Dio. Gioite pure dei numerosi piaceri della vita, consapevoli però che potrebbero esservi tolti in qualsiasi istante. Se vivete con questa consapevolezza, l'abbandono avverrà spontaneamente.

Finché non prendete coscienza della vostra impotenza, del fatto che l'ego non può salvarvi e che tutto ciò che avete non è nulla, Dio o il Guru continuerà a creare le circostanze necessarie per farvi capire questa verità. Una volta colta, vi abbandonerete e lascerete andare ogni paura, permettendo al Guru o a Dio di danzare sul vostro ego mentre vi prostrerete ai Suoi Piedi. È allora che si diventa veri devoti ed è questo è il significato reale del prostrarsi.

Il destino ultimo di ogni anima è lasciare ogni impedimento e andare verso la pace e la contentezza. A quel punto si abbandona l'ego e si smette di lottare. Non si protesta né ci si ferma a pensare se si debba lasciar andare la presa oppure no, ma ci si inchina semplicemente, abbandonandosi. Nel suo intimo, ogni anima attende che avvenga questa grande resa.

Nella vera preghiera non sono mai presenti suggerimenti, indicazioni o richieste. Il devoto sincero dice semplicemente: 'O Signore, non so cosa sia bene o male per me, io non sono nessuno, non sono nulla. Tu conosci ogni cosa. So che tutto quello che fai è il meglio per me; fai dunque come desideri.' Nella vera preghiera ci s'inchina, ci si abbandona e si confessa la propria impotenza al Signore".

Amma

La differenza tra una persona incline alla spiritualità e una che non lo è sta nel suo atteggiamento nei confronti della vita e non nelle sue esperienze. Ognuno riceve la sua parte di piacere e di sofferenza. Due persone possono avere esperienze simili, ma reagire in modo diverso: la prima ne trae delle lezioni positive e cresce in saggezza, mentre la seconda no. Un devoto vede la mano di Dio in ogni cosa che gli accade. Ciò nonostante, solo un *mahatma* può realmente comprendere le intenzioni e la volontà del Divino.

Essere se stessi

In Giappone, viveva un tempo un povero tagliapietre di nome Hofus. Ogni giorno andava alla cava per tagliare grandi blocchi di pietra; viveva in una casetta di pietra vicino alla montagna, lavorava duramente ed era felice. Un giorno si recò a casa di un uomo ricco per consegnare un carico di pietre e mentre era lì vide cose stupende. Quando tornò a casa, non riuscì a smettere di pensare a quello che aveva visto e cominciò a desiderare di poter anche lui dormire in un morbido letto di piume, adorno di tende di seta e fiocchi d'oro.

Sospirando, esclamò: "Ah, se solo Hofus fosse ricco come lui!". Con sua grande sorpresa, la voce dello spirito della montagna rispose: "Che il tuo desiderio si avveri!".

Quando quella sera Hofus tornò a casa, la sua modesta dimora era scomparsa e al suo posto c'era un grande palazzo, pieno di bellissimi oggetti e la cosa più bella di tutte: un letto di piume adorno di tende di seta e fiocchi d'oro. Hofus decise di smettere di lavorare, ma non era abituato a rimanere in ozio e le giornate gli sembravano estremamente lunghe.

Un giorno, mentre sedeva vicino alla finestra, vide passare a gran velocità una carrozza trainata da cavalli bianchi come la neve. All'interno sedeva un principe, mentre davanti e dietro la carrozza c'erano dei servitori in livrea bianca e blu. Uno di loro teneva un ombrello dorato sopra il principe.

Questa vista rattristò il tagliapietre e con un sospiro disse: "Ah, se solo Hofus fosse un principe!". E di nuovo, la stessa voce che aveva sentito sulla montagna rispose: "Sii dunque un principe!".

In un baleno Hofus diventò un principe. Aveva servitori vestiti di porpora e d'oro e si muoveva in carrozza, con un ombrello dorato sopra la testa. Per un po' di tempo fu contento, ma un giorno, mentre camminava in giardino, vide che i fiori stavano appassendo e l'erba era secca e marrone. Uscendo dalla carrozza, sentì i raggi del sole bruciarlo nonostante fosse riparato dall'ombrello.

"Il sole è più potente di me", pensò, e poi disse sospirando: "Ah, se solo Hofus potesse essere il sole!". E la voce rispose: "Sii dunque il sole!".

Immediatamente divenne il grande sole. Bruciò l'erba e le risaie, prosciugò i corsi d'acqua e sia i poveri che i ricchi soffrivano entrambi per la terribile calura. Un giorno arrivò una nuvola, che si fermò davanti a lui e nascose la terra alla sua vista. Arrabbiato, l'uomo esclamò: "Ah, se solo Hofus potesse essere una nuvola!". E la voce rispose: "Sii dunque una nuvola!".

Così si trasformò immediatamente in una nuvola che, ondeggiando davanti al sole, gli impediva di vedere la terra. Dopo qualche giorno, la nuvola lasciò cadere la pioggia. I fiumi straripparono, i campi di riso si coprirono d'acqua, le città furono spazzate via e solo le grandi rocce della montagna rimasero immobili in mezzo all'alluvione.

La nuvola le guardò stupita e sospirò: "Ah, se solo Hofus potesse essere una roccia!". E la voce rispose: "Sii dunque una roccia!".

E così Hofus divenne una roccia. Se ne stava là orgogliosa; il sole non poteva bruciarla e la pioggia non poteva spostarla. "Ora, finalmente, nessuno è più potente di me", si disse.

Ma un giorno fu svegliata dai suoi sogni da un rumore. "Toc! Toc! Toc!" Si accorse che il suono proveniva dai suoi piedi. Vide allora un tagliapietre che piantava uno scalpello nella roccia. Un altro colpo e la grande roccia rabbrividì; un blocco di pietra si era staccato. "Quell'uomo è più potente di me!" gridò Hofus.

Sospirando, disse: "Ah, se solo Hofus potesse essere come quell'uomo!". E la voce rispose: "Sii dunque te stesso!".

E così Hofus ritornò immediatamente a essere se stesso, un povero tagliapietre che lavorava ogni giorno nella cava della montagna e la sera tornava nella sua casetta di pietra. Ora però era felice e contento e non desiderava più essere diverso da Hofus, il tagliapietre.

Un uomo si coricò sul letto e sognò di viaggiare in tutto l'universo. Quando alla fine si svegliò, si accorse di essere nel proprio letto. Questo è il sogno di *maya* in cui tutti noi siamo immersi!

Capitolo 17

Svegliatevi, svegliatevi!

"Figli, purificate la vostra mente e comprendete così l'essenza del *dharma*. Se continuate ad assecondare il desiderio scellerato di cose sempre nuove, andrete incontro alla delusione".

Amma

Devoto: "Perché la gente commette degli errori?"

Amma: "Siamo prigionieri dell'illusione che il mondo ci darà la felicità e così corriamo freneticamente di qua e di là per raggiungerla. I desideri insoddisfatti generano collera e frustrazione. Senza discernere tra ciò che è necessario e ciò che non lo è, facciamo qualsiasi cosa ci piaccia. Possiamo chiamare tutto questo vita? Di chi è la colpa?"

Devoto: "Si dice che senza la presenza e il Volere di Dio non si muova nemmeno un filo d'erba nella brezza. Come possiamo allora rimproverare gli esseri umani dei loro errori se c'è Dio dietro a ogni loro azione?"

Amma: "Chi è convinto del fatto che 'il vero autore dell'azione non sono io, ma Dio', non può commettere errori. Costui vede ogni cosa pervasa dal Signore e non può nemmeno lontanamente pensare di sbagliare. In altre parole, solo chi è al di ogni errore crede fermamente che l'unico ad agire sia l'Essere Supremo e che persino un filo d'erba non si muova senza di Lui. Non esiste errore né peccato per chi è certo che sia solo

141

il Signore a operare; al contrario, colui che ha la sensazione che 'sono io ad agire', deve accettare i frutti dei propri errori. Una volta commesso un omicidio, non è giusto dire che era opera di Dio. Chi pensa che 'il Divino è l'artefice', potrà mai commettere un omicidio?"

Il bramino che uccise una mucca

C'era una volta un vecchio bramino, proprietario di un bellissimo giardino che amava profondamente e che curava dedicandogli molto tempo. Un giorno, mentre si era allontanato per vedere come stavano crescendo le sue piantine di mango, scoprì con grande disappunto che una mucca che vagabondava era entrata nel giardino e stava mangiando gli arbusti piantati con tanta cura.

In un impeto d'ira, prese un bastone e cominciò a picchiarla. L'animale era magro e vecchio e non riuscì a sopportare le percosse e cadde a terra morto.

"O Signore, cos'ho fatto! Ho ucciso una mucca!", gemette il bramino. La notizia raggiunse gli abitanti del villaggio che andarono da lui. "Uccidendo una vacca hai commesso il più grande dei peccati", lo rimproverò uno di loro. "Hai posto il tuo giardino al di sopra della vita di una mucca", aggiunse un altro. "La mucca ci dà il latte, è nostra madre e l'hai uccisa!", esclamò un altro ancora. "Che mani sono le tue, capaci di ammazzare una mucca?", esclamò il capo del villaggio, "Dovrai subire le conseguenze del tuo gesto. Adesso ce ne andiamo, ma torneremo".

"Mi scacceranno dal villaggio. Cosa farò?", si domandò il bramino. All'improvviso gli venne un'idea: "Il Signore Indra è il dio che presiede alle mani e dunque non sono io ma lui che va biasimato per l'uccisione della mucca. Ecco cosa risponderò quando verranno!".

Gli abitanti del villaggio non sapevano cosa pensare quando il bramino espose loro le sue conclusioni. In effetti il Signore Indra è la divinità che presiede alle mani. Questo voleva dire che l'uomo non era responsabile dell'uccisione della mucca? La questione venne dibattuta in lungo e in largo.

Alla fine la tesi del bramino giunse alle orecchie dello stesso Indra che, preoccupato per questo tipo di logica, decise di fargli visita. Assunse la forma di un vecchio e si recò nel giardino dell'uomo.

"Signore, sono un forestiero in questa città", disse Indra al bramino, "Passavo di qui per caso e ho notato questo bellissimo giardino. È opera sua?".

Il bramino era molto compiaciuto. "Sì certamente, l'ho realizzato con le mie stesse mani. Ho curato questo giardino come fosse mio figlio".

"Lo vedo!", esclamò Indra, "E questo grazioso sentiero, ha creato anche questo?".

"Certamente!", rispose il bramino tutto orgoglioso, "L'ho costruito io dopo un'attenta pianificazione".

"E questo albero stupendo?", continuò Indra, "L'ha piantato proprio lei?".

"Naturalmente!", affermò il bramino, "È tutta opera mia, dal solco nella terra ai frutti sugli alberi!"

"Magnifico! E cosa mi dice della fontana?", domandò Indra.

"Ogni cosa che vede qui è stata fatta con le mie mani", si vantò l'uomo.

A questo punto Indra si rivelò al bramino e disse: "Bramino, se ti prendi il merito di aver creato questo giardino con le tue stesse mani, perché non ti assumi la responsabilità di aver ucciso la mucca? Mascalzone, perché mi addossi questa colpa?".

Da un certo punto di vista tutto è il Volere divino, da un altro, abbiamo dei doveri da compiere. Un'azienda funziona secondo i principi stabiliti dall'amministratore delegato o dal proprietario, ma anche ogni impiegato ha le sue responsabilità. Non si può dichiarare l'amministratore delegato responsabile degli imbrogli o degli errori dei dipendenti, perché lui aveva stabilito delle norme da seguire.

Il Signore ha creato l'universo con le sue leggi, il *dharma* e l'*adharma*, e noi raccogliamo i frutti in accordo con queste leggi. È Dio che dispensa i frutti dei nostri atti (*karma phala data*). In tal senso, ogni cosa è il Suo Volere, ma questo non ci esime dall'assumere le nostre responsabilità.

> "Se siamo gli autori dell'azione, dovremo raccoglierne i frutti; ma quando ci domandiamo 'Chi sono io, l'autore dell'azione?' e realizziamo il Sé, il senso di essere colui che agisce si dissolve e i tre tipi di karma svaniscono. Questa Liberazione è per sempre".
>
> Ramana Maharshi, *La Realtà in quaranta versi*, v.38

Una volta ottenuta la purezza mentale grazie alle pratiche spirituali, vedremo con più chiarezza qual è l'azione corretta da compiere. Faremo ancora qualche errore, nessuno è perfetto, ma nei nostri pensieri, nelle nostre parole e nelle nostre azioni sapremo riconoscere con un'intuizione più affinata la via del *dharma*. In linea generale, non possiamo fidarci dei nostri sentimenti e dovremmo seguire le ingiunzioni delle Scritture, la tradizione o la via indicata dagli antichi. Questo è il modo riconosciuto di apprendere il *dharma*. Quando viene praticato per molto tempo, si acquisisce purezza e le nostre azioni divengono spontaneamente conformi al *dharma*.

La follia del consumismo

Ora più che mai rispetto al passato, il consumismo ha invaso il mondo intero, persino i luoghi cosiddetti remoti. Come in preda alla follia, la gente ambisce a possedere beni materiali, ben oltre le proprie necessità quotidiane. Sfortunatamente non ci si ferma a questo e si è costantemente inondati da nuovi modelli di tutti i tipi. Ho sentito parlare di una persona che acquista ogni *laptop* nuovo che esce sul mercato. Mi chiedo cosa faccia di tutti quelli 'vecchi'. Sembra che l'umanità sia ipnotizzata e cerchi l'appagamento nei centri commerciali senza mai, ovviamente, riuscire a trovarlo.

Come possono i beni materiali colmarci interiormente? Se continuiamo a correre dietro agli oggetti senza discernere fra quelli che sono necessari e quelli che non lo sono, finiremo per essere profondamente delusi.

Amma ci avverte dicendo che desiderare cose sempre più nuove ci farà inevitabilmente andare incontro alla delusione e che non bisogna incoraggiare questa abitudine, in noi stessi e negli altri.

In ogni ambito, lavorativo o ricreativo, siamo sempre più affascinati dalle novità. Dove ci porta tutto questo? Alla fine, si spera, a Dio, sempre ed eternamente nuovo. Tuttavia vi arriveremo non grazie a un senso di soddisfazione, ma di delusione e disincanto. Solo allora cercheremo dentro di noi la felicità del nostro Sé.

Nascondere il nettare

Dopo aver frullato l'oceano cosmico, gli dei, che erano riusciti a impadronirsi del nettare dell'immortalità, decisero di nasconderlo in modo che gli esseri umani non potessero trovarlo. Rifletterono profondamente su come riuscirci perché volevano un luogo sicuro, impossibile da trovare. Alcuni suggerirono a Indra, il loro re, di nasconderlo sulle vette più alte dell'Himalaya, ma egli rifiutò dicendo che un giorno molti esseri umani le avrebbero scalate.

Qualcun altro propose: "Nascondiamolo nella fossa più profonda dell'oceano, in modo che nessun uomo possa mai recuperarlo". Indra replicò: "No, un giorno gli esseri umani saranno in grado di muoversi nelle profondità dell'oceano a bordo di un veicolo".

Un altro dio suggerì di nasconderlo sulla Luna dicendo: "Nessun essere umano sarà mai in grado di raggiungerla". Ma Indra non fu d'accordo e, potendo vedere nel futuro, rispose: "No, gli esseri umani un giorno andranno sulla Luna e lo troveranno".

Non riuscendo a risolvere l'impasse, gli dei si recarono da Brahma, il Creatore. Dopo avergli reso omaggio, gli illustrarono il problema e chiesero un suo consiglio. Brahma rifletté per qualche istante e poi rispose: "Ho trovato il posto dove gli esseri umani non guarderanno mai. Nascondete il nettare nel loro cuore perché nessuno lo cercherà mai lì".

Brahma aveva proprio ragione. Sebbene questo nettare sia così vicino agli esseri umani, è anche così lontano perché nessuno si preoccupa mai di cercarlo dentro di sé. Questo non significa che la vita nel mondo non abbia valore, ma ogni vita che ci viene data la passiamo rincorrendo gli oggetti e i piaceri del mondo, senza aver ancora trovato la pace o l'appagamento. Perché la gente insiste nel credere che troverà appagamento nella vita del mondo? Qualcuno l'ha mai trovato in questo modo? Anche se trascorrerà molte esistenze alla ricerca e alla gratificazione dei piaceri dei sensi, un giorno l'anima se ne allontanerà e intraprenderà il grande viaggio verso il risveglio dal lungo sogno della vita e della morte. È inevitabile.

"La rinuncia è il vero potere. Comprendete il significato del termine 'rinuncia' perché solo nella rinuncia si trova il riposo perfetto".

Amma

È molto raro incontrare qualcuno che abbia perfettamente assimilato questa verità e dedichi tutto il suo tempo a cercare e a voler fare l'esperienza della verità del Sé. Amma direbbe che tale persona ha compiuto molte azioni meritevoli o *punyam* nelle vite precedenti e così, in questa vita, sente fortemente l'appello di Dio. Per costui, nient'altro ha senso o attrattiva; si sta destando da un sonno profondo, dalla profonda *maya* divina, e arde dal desiderio di sfuggire all'oceano del *samsara*.

La grandezza dei saggi realizzati è stata esaltata in molti testi sacri, che ci ricordano l'opportunità incredibilmente rara di essere in compagnia di Amma. Leggere e rileggere le loro parole ci ricorda la Realtà che si cela dietro la forma di Amma.

"Grazie alla compagnia dei saggi, l'attaccamento svanisce e con esso l'illusione. Liberi dall'illusione, si acquisisce la saggezza che ci permette di giungere alla liberazione mentre si è ancora in vita. Cerca quindi la compagnia dei saggi".

Adi Shankaracharya, *Bhaja Govindam*

"Non è ascoltando i sermoni né studiando i libri né compiendo atti meritori né svolgendo altre pratiche religiose che si raggiunge quello stato supremo, realizzabile solo stando in compagnia dei saggi e attraverso una rigorosa ricerca del Sé".

Yoga Vasishta

"Per chi ha imparato ad amare la compagnia dei saggi, che utilità hanno le norme di disciplina? Quando soffia la piacevole e fresca brezza del sud, che bisogno c'è di un ventaglio?"

Yoga Vasishta

"I fiumi sacri, che sono solo acqua, e i simulacri, fatti di pietra e d'argilla, non sono così potenti come i saggi. I fiumi e i simulacri purificano impiegando innumerevoli giorni mentre il semplice sguardo di un saggio purifica all'istante".

Srimad Bhagavatam

Amma è venuta in questo mondo perché oggi è quanto mai necessaria la presenza di un essere divino che incarni il sacrificio di sé e l'amore incondizionato.

Per riprendere le parole del celebre attore Charlie Chaplin, che era anche un grande filantropo:

"Abbiamo sviluppato la velocità, ma ci siamo chiusi in noi stessi. Le macchine ci procurano un'abbondanza che ci lascia nel bisogno. L'aereo e la radio ci hanno avvicinato. La natura stessa di queste invenzioni invoca nell'uomo la bontà, la fratellanza universale e l'unità di tutti noi. La nostra conoscenza però ci ha resi cinici, l'intelligenza duri e spietati; pensiamo troppo e sentiamo troppo poco. Più che di macchine abbiamo bisogno di umanità; più che di intelligenza abbiamo bisogno di gentilezza e di dolcezza. Senza queste qualità, la vita sarà violenta e perderemo tutto".

Capitolo 18

L'abbandono di sé e il distacco

Molti di noi hanno letto la storia della donna che andò dal Signore Buddha chiedendogli di riportare in vita il figlio morto. Egli rispose che, se gli avesse portato un granello di senape da una casa in cui nessun membro della famiglia era mai morto, lui avrebbe compiuto questo miracolo. La donna si recò di porta in porta in tutto il villaggio senza riuscire a trovare questo granello di senape. Comprese allora la natura della vita e questa grande verità: tutto è transitorio e finisce nella separazione e nella morte. Solo l'anima esiste dopo la morte, ma pur ascoltando ripetutamente queste verità, sotto l'influsso di *maya* seguitiamo a ignorarle o a dimenticarcene quasi subito dopo averle udite.

C'è un episodio del *Mahabharata* in cui il grande re Yudhisthira dovette rispondere a numerose domande di uno *yaksha* che mise alla prova la sua saggezza. Lo *yaksha* chiese: "Qual è il miracolo più stupefacente?". Saggiamente, il re rispose: "Giorno dopo giorno innumerevoli persone muoiono, ciò nonostante i viventi desiderano vivere per sempre. Signore, cosa ci può essere di più stupefacente?".

Quale forza sorprendente possiede questa *maya*, che ci mantiene in uno stato di oblìo, una vita dopo l'altra! Sotto il suo influsso, sprofondiamo sempre più nell'oceano dell'illusione cosmica, incapaci di comprendere le verità spirituali, anche piccole. Ancora peggiore è il fatto che non proviamo il benché minimo desiderio di svegliarci da questa lunga notte di sonno profondo e andare incontro alla luce della Coscienza divina. Amma ci mostra una via per liberarci dalla rete degli attaccamenti a questo stato di cose. Una volta mi disse che la maggior parte delle persone non riesce a capire questa semplice verità: ognuno ama se stesso più di chiunque altro. In fin dei conti siamo tutti egoisti. In nome dell'amore ci lasciamo trarre in inganno e crediamo di essere cari agli altri e di averli cari. È solo quando vediamo l'egoismo altrui manifestarsi con chiarezza che riceviamo lo scossone che ci desterà da questa illusione. Amma non sta scoraggiandoci dall'amare, ma ci esorta ad amare senza attaccamento, aspettative e dipendenza, proprio come fa lei.

Amma: "I nostri attaccamenti, che noi chiamiamo amore, ci trascinano sempre verso il basso".

Devoto: "Cosa intendi, Amma? Vuoi dire che l'amore che provo per mia moglie e i miei figli non è vero amore? L'attaccamento è un aspetto dell'amore, non è vero?"

Amma: "Figlio, solo chi è totalmente distaccato può amare senza aspettative. L'attaccamento non è un aspetto del vero amore. Nell'amore vero, non solo i corpi ma anche le anime sono unite in profonda condivisione, senza mai perdere la consapevolezza della natura mutevole o peritura del corpo e della natura eterna del Sé. L'attaccamento lega e distrugge sia la persona che lo prova sia quella che ne è oggetto. A causa dell'attaccamento vengono a mancare il discernimento e la disciplina.

Nel *Mahabharata*, il re cieco Dhritarasthra era troppo attaccato al figlio maggiore Duryodhana. Per questo motivo fu incapace di disciplinarlo e di insegnargli a pensare e ad agire correttamente. Il risultato fu la completa distruzione di se stesso, del figlio e del regno. Per contro, Sri Krishna era perfettamente distaccato e poteva quindi amare i Pandava, disciplinandoli al tempo stesso. La storia di Dhritarasthra e di suo figlio Duryodhana mostra come l'egoismo e l'attaccamento di una persona possano portare alla rovina un'intera società".

Amma ci racconta questa storia per illustrare molto bene i limiti dell'amore tra marito e moglie.

Una donna accompagnò il marito dal dottore. Dopo averlo visitato, il medico chiamò la moglie da sola nel suo studio e le disse:

"Vostro marito soffre di una malattia molto grave e anche di un fortissimo stress. Se non fate ciò che vi dico, morirà sicuramente presto. Ogni mattino preparategli una colazione sana, siate gentile e mettetelo di buon umore. A pranzo preparategli un pasto nutriente e per cena cucinate qualcosa di molto gustoso. Non affaticatelo chiedendogli di aiutarvi nelle faccende domestiche perché probabilmente avrà avuto una giornata difficile. Non confidategli i vostri problemi: aumenterebbero soltanto la sua tensione. E, soprattutto, soddisfate ogni suo minimo desiderio e capriccio, lasciate che si sfoghi parlandovi dei suoi problemi. Non dovrebbe avere nessun tipo di stress. Siate particolarmente amorevole e affettuosa. Se riuscirete a comportarvi così per i prossimi dieci mesi, credo che vostro marito si riprenderà completamente".

Mentre tornavano a casa il marito chiese alla moglie: "Cosa ti ha detto il medico?".

"Che morirai presto!"

È una verità lapalissiana che quasi tutti quelli che vengono da Amma sono spinti da desideri egoistici. Pur sapendolo, lei riversa lo stesso amore su tutti, senza aspettarsi nulla da nessuno. Questo è il segno distintivo di chi vive nella Coscienza divina, la cui visione è che siamo tutti Uno.

> "È degno di lode colui che ha un atteggiamento equanime verso le persone benevole, gli amici e i nemici, gli indifferenti e i neutrali, verso coloro che nutrono odio e nei confronti dei congiunti, dei giusti e dei malvagi".
>
> *Bhagavad Gita*, cap.6, v.9

Quando si coglie un frutto prima che sia maturo, lacrima; dal suo peduncolo scende un liquido lattiginoso. Quando invece il frutto cade naturalmente a terra perché è maturo, si stacca spontaneamente, senza versare nessuna lacrima. La natura della nostra mente, la natura della nostra vita in questo mondo transitorio ci porta a sviluppare molti attaccamenti e, di conseguenza, è inevitabile piangere quando giungiamo al momento della separazione, decisa da noi o dagli altri. Il distacco produce delle ferite nel nostro subconscio.

Se una ferita è molto profonda, dopo averla pulita bisogna disinfettarla anche internamente. Non è sufficiente disinfettarla esternamente e fasciarla perché rischieremmo che continui a infettarsi. Analogamente, praticare il distacco perché proviamo collera o dolore verso qualcuno che ci ha ferito non serve a nulla. Quando la rabbia è sbollita, potremmo ricreare l'attaccamento perché la ferita interiore è sempre presente.

Ad ogni modo, è probabile che abbastanza presto ci attaccheremo di nuovo a qualcuno o a qualcosa. Non possiamo essere felici senza avere un qualche legame, che sia con una persona o con un animale domestico, o che riguardi i beni materiali o la posizione sociale.

La nostra sofferenza è causata dalla natura mutevole ed egoista delle cose: meglio dunque attaccarsi a ciò che non cambierà, non ci ferirà, non ci chiederà nulla e che vorrà solo il meglio per noi. Solo Dio risponde a tutti questi criteri. In questo mondo effimero, dove ognuno cerca la propria felicità attraverso l'amore, dove tutti sono egoisti, solo l'unione mistica con Dio, con il Sé universale, potrà soddisfare il nostro desiderio di un vero amore.

Più facile a dirsi che a farsi. Dio è invisibile. Non sappiamo nemmeno se un tale Essere esista veramente e, se esiste, se ci stia ascoltando. Non si tratta di una questione di fede? E come avere fede in un Essere invisibile e incomprensibile? Ogni persona concepisce il Divino in modo diverso.

Qualunque sia il concetto che abbiamo di Lui, ecco quello che Amma dice a riguardo:

"Il Potere dell'universo è dentro di noi. È possibile conseguire questa suprema Verità solo attraverso la fede e la meditazione. Proprio come avete fede nelle parole degli scienziati che ci parlano di fatti a noi sconosciuti, così abbiate fede nelle parole dei grandi maestri che ci parlano della Verità. Tali esseri dimorano in Essa. Le Scritture e i grandi maestri ci rammentano che il Sé, o Dio, è la nostra vera natura. L'Essere Supremo non è lontano da noi, ma è necessario avere fede per assimilare questa verità. Dio non è un individuo limitato che siede sulle nubi, su un trono dorato. Dio è la pura Coscienza presente in ogni cosa. Comprendendo questa verità, impariamo ad accettare e ad amare tutte le creature in modo eguale".

Santificando i nostri pensieri, elevandoli dal piano inferiore, materiale, per fissarli su Dio, sul Guru, i problemi e la sofferenza che vediamo nel mondo ci sembreranno di poca importanza. La nostra mente diventerà vasta come il cielo e a poco a poco cominceremo a percepire in modo tangibile la presenza del Divino dentro di noi. Ciò che all'inizio è fede diviene esperienza. Le vecchie ferite appartenenti all'ego scompaiono e impariamo ad accettare le inevitabili circostanze dolorose come una benedizione o un dono del Guru. Nella sua infinita saggezza, lui sa cosa è meglio per noi. Tutti i nostri attaccamenti al mondo si dissolvono in un totale attaccamento a Dio.

Devoto: "Alcuni devoti affermano che, malgrado la loro devozione, continuano a soffrire".

Amma: "Ci rivolgiamo a Dio affinché soddisfi i nostri numerosi desideri. Sono i desideri e non l'immagine del Divino a riempire la nostra mente. Sembra proprio che abbiamo preso Dio per un nostro inserviente. Non dovrebbe essere così. Anche se è il servitore dei Suoi devoti, non è corretto da parte nostra pensare al Divino in tal modo. Deponete tutto ai Suoi piedi. Dobbiamo avere un atteggiamento di abbandono e allora Lui ci proteggerà certamente. Una volta saliti su una barca o su un autobus, non continueremo a portare i bagagli, non è vero? Li poseremo. Allo stesso modo, abbandoniamo ogni cosa a Dio. Ci proteggerà. Coltiviamo l'idea che Dio ci è vicino. Se c'è un posto molto vicino dove fermarsi a riposare, il solo pensiero di andarci e posare il bagaglio che stiamo portando sulla testa rende più leggero il peso. Se invece pensiamo che non c'è nessun posto dove poterci fermare a riposare, il fardello sembrerà più pesante. Allo stesso modo, se pensiamo che Dio è vicino, tutti i nostri carichi diventano più leggeri".

A volte può essere difficile ricordare che l'Essere Supremo è la realtà dietro alla facciata del mondo. Dio non è soltanto l'Immutabile, ma è anche la Forza perennemente attiva che fa accadere ogni cosa. La creazione è il Suo gioco, il Suo *lila*. Talvolta lo dimentichiamo e montiamo in superbia, rivendicando la paternità delle azioni.

Al termine della guerra del *Mahabharata*, il Signore Krishna e Arjuna erano ancora sul carro. Secondo la tradizione, l'auriga avrebbe dovuto scendere per primo e poi porgere, in segno di rispetto, la mano al guerriero per aiutarlo a scendere. Sebbene il Signore Krishna fosse Dio stesso, aveva accettato il ruolo di cocchiere e quindi toccava a lui scendere per primo. Arjuna attese, ma vedendo che Sri Krishna non accennava a muoversi, scese infine da solo, un po' irritato da questo comportamento.

In risposta all'ignoranza di Arjuna, il Signore Krishna scese dal carro e, immediatamente, il Signore Hanuman che sedeva sullo stendardo volò via e il carro andò in fiamme! Arjuna era sconcertato. Sri Bhagavan gli spiegò che per tutta la guerra il Signore Hanuman aveva protetto il carro da tutte le potenti armi lanciate dai nemici e non sarebbe mai partito finché il Signore Krishna non fosse sceso dal carro. Se Sri Krishna fosse sceso prima di Arjuna, Hanuman sarebbe volato via e Arjuna sarebbe bruciato assieme al carro. Il carro non era stato distrutto solo grazie alla presenza del Signore Krishna. L'orgoglio di Arjuna, vincitore della guerra e desideroso di ricevere gli onori dovuti a un grande guerriero, l'aveva reso cieco di fronte al fatto che nulla sarebbe stato possibile senza la presenza divina del Signore Krishna.

Come dice il Signore nella *Bhagavad Gita*:

"Io sono il Tempo, potente distruttore che tutto divora, manifestatosi qui per distruggere i mondi. Anche senza di te, nessuno di questi guerrieri schierati in campo nemico resterà vivo".

cap.11, v.32

Chi è Dio?

Forse non è possibile conoscere o comprendere Dio, ma secondo i testi antichi e gli insegnamenti di Amma, possiamo diventare un tutt'uno con Lui con la Sua grazia.

Un giorno Alessandro Magno chiese a Diogene: "Tu che sei così sapiente e conosci tante cose, puoi parlarmi di Dio? Dimmi, chi è Dio?".

Diogene attese per un istante prima di rispondere e poi disse: "Datemi un giorno di tempo".

Alessandro Magno ritornò l'indomani, ma Diogene ripeté: "Concedetemi due giorni" e fece lo stesso nei giorni seguenti, quando chiese all'imperatore tre giorni, poi quattro, cinque e infine un'intera settimana.

Infastidito, l'imperatore gli domandò: "Cosa significa tutto questo? Se non sai la risposta, avresti dovuto dirmelo prima. Se la sai, perché allora continui a rimandare?".

Diogene rispose: "Nel momento in cui me lo avete chiesto, pensavo di saperlo, ma più cercavo di arrivare a una risposta, più mi sfuggiva. Più ci rifletto, meno so. In questo momento non so nulla e l'unica cosa che posso dirvi è che chi crede di conoscere Dio, non Lo conosce".

Una volta ho sentito un devoto discutere con un *mahatma* e affermare che, nell'esperienza non duale del *samadhi*, Dio scompare. Il *mahatma* replicò: "Non è così. Il Signore non scompare; *tu* scompari e rimane solo Lui!".

A volte si presenteranno situazioni che mettono alla prova la nostra fede. Durante uno dei tour di Amma negli Stati Uniti, il gruppo che l'accompagnava doveva incontrarsi all'aeroporto per prendere il volo per la tappa successiva. Non si sa come ma Swami Purnamritananda, io e altri due devoti sbagliammo aeroporto. Ce ne accorgemmo solo quando, arrivati al cancello d'imbarco, vedemmo che non c'era nessun aereo ad attenderci. Non avevamo denaro e neppure i biglietti dell'aereo. Il volo sarebbe partito dopo dieci minuti. Cercammo di prendere un taxi per raggiungere l'altro aeroporto, ma nessun autista era disposto a portarci per un tratto così breve. Tutti noi pensammo: "Ebbene Amma, se vuoi che viaggiamo con te, devi agire in fretta".

Eravamo là in piedi sul marciapiede, sperando nell'impossibile. Proprio allora, un'auto si fermò davanti a noi. Era la stessa devota che ci aveva lasciati all'aeroporto e che tornava dall'altro. Ci condusse a tutta velocità a quello giusto; raggiungemmo di corsa l'aereo e, non appena salimmo a bordo, il portellone si chiuse! Tirammo tutti un sospiro: Ammaaaaaaa!

Responsabilità

"Amma sgombrerà il cammino verso la Liberazione. Vi terrà la mano e vi condurrà alla meta. Siate sinceri e adempite alle vostre responsabilità nella vita. In tal modo conseguirete la pace interiore".

Amma

Quando qualcuno fa una promessa, generalmente ci insospettiamo. I politici fanno promesse per arrivare al potere. L'innamorato fa delle promesse all'amata in vista del proprio piacere. I genitori fanno promesse ai figli per indurli a fare cose che non accetterebbero facilmente di compiere e i figli fanno delle promesse ai genitori per evitare di fare ciò che dovrebbero. Ognuna di queste persone ha un suo piano, dei motivi egoistici per fare promesse, senza magari essere neanche in grado di soddisfarle. La promessa che Amma fa è diversa. Amma dice che sgombrerà il nostro cammino verso la Liberazione, ci terrà la mano e ci guiderà alla meta. È difficile immaginare qual è il potere o l'esperienza interiore che la rende capace di fare una tale promessa. Se analizziamo più profondamente le sue parole, scopriremo che la comprensione che abbiamo di lei potrebbe non essere così esatta. Amma dice che sgombrerà il nostro cammino e ci terrà per mano e ci condurrà alla meta della Liberazione dal ciclo di nascite e morti. Come ci riuscirà? Non sarebbe sicuramente possibile se lei stessa non vivesse in questo stato.

Per la maggior parte di noi, Amma è colei che vive in India, ad Amritapuri, e viaggia in giro per il mondo ogni anno. Come può quindi adempiere alla sua promessa? Non è fisicamente possibile. Ci riesce forse utilizzando qualcosa di simile a un telecomando? Se anche fosse così, come può occuparsi contemporaneamente di tutti i suoi milioni di devoti? E cosa accadrebbe se avessero bisogno di lei nello stesso istante? Come può ascoltare al medesimo tempo e conoscere i bisogni di ciascuno ad ogni istante? Davvero strabiliante!

Alcuni telecomandi sono in grado di controllare allo stesso tempo le funzioni di diversi apparecchi da una piccola unità.

Se non siamo un ingegnere aeronautico o un programmatore, tutto questo ci sembrerà complicato e difficile da fare. Molti di noi non sono portati per la tecnologia o per la meccanica. Un giorno, una persona che si occupava di computer mi chiamò. Si trattava di un'urgenza, la stampante non funzionava più. Era stato fatto tutto correttamente, ma l'apparecchio non dava segni di vita. Quando arrivai, vidi che non l'avevano nemmeno accesa!

Se vogliamo capire le parole di Amma, dobbiamo abbandonare l'idea che lei sia un corpo di carne e ossa, dotato di una mente limitata come la nostra. Se riesce a prendersi cura di tutti noi, dev'essere qui e ora con ognuno di noi, sebbene i nostri occhi fisici non riescano a vederla. La sua esperienza del Sé dev'essere molto diversa dalla nostra. Nel suo modo misterioso, è in grado di rimuovere tutti gli ostacoli e aiutarci lungo la via.

La *Bhagavad Gita* dichiara:

"Tutto l'universo è pervaso da Me nel Mio aspetto non manifesto. Tutti gli esseri esistono in Me, ma io non dimoro in loro.

In realtà, neppure essi dimorano in Me: guarda il Mio yoga divino! Sebbene abbia creato e mantenga in vita tutte le creature, il mio Sé non dimora in loro.

Come il vento possente, che pur soffiando in ogni direzione rimane sempre nello spazio, così, sappi che tutti gli esseri risiedono in Me".

cap.9, vv.4 - 6.

E ancora:

"Grazie alla devozione, egli giunge a conoscerMi in verità, cosa sono e chi sono; avendoMi così conosciuto, entra immediatamente nel Mio essere.

Per quanto impegnato nell'azione, qualunque essa sia, rifugiandosi in Me, costui giunge per Mia grazia all'eterna e inalterabile dimora.

Dedicandomi mentalmente tutte le azioni, avendo Me come scopo supremo, praticando lo yoga del discernimento, fissa costantemente la tua mente su di Me.

AvendoMi offerto il tuo cuore, per Mia grazia supererai ogni ostacolo; ma se a causa dell'ego non mi ascolterai, sarai perduto.

Ascolta di nuovo la Mia parola suprema, la più segreta; poiché Mi sei molto caro, ti rivelerò ciò che è bene per te.

Affidami la tua mente, a Me sii devoto, a Me rendi omaggio, prostrati davanti a Me: in tal modo a Me giungerai. Te lo prometto, perché Mi sei molto caro".

cap.18, vv.55 - 58, 64 - 65

E infine:

"E chi, al momento della morte, ha la mente rivolta unicamente a Me, raggiunge il Mio essere. Non dubitarne.

O figlio di Kunti, a qualunque Essere egli pensi nel momento del trapasso, proprio e soltanto a quell'Essere perverrà, essendo la sua mente sempre assorta in quel pensiero.

Perciò, o Arjuna, ricordati di Me in ogni momento e combatti. Con la mente e l'intelletto fissi su di Me, senza dubbio verrai a Me solo".

cap.8, vv.5 - 7

Ovviamente, questo non significa che una volta che abbiamo preso rifugio in Amma non soffriremo più, ma come un genitore tiene saldamente la mano del suo bambino che sta imparando a camminare e non gli permette di cadere e di farsi male, così Amma ci tiene nelle sue mani onnipresenti se seguiamo le sue indicazioni. Ecco perché bisogna studiare i suoi insegnamenti per sapere ciò che prescrive in senso generale e ciò che è rivolto a noi. Questa è la clausola scritta in piccolo in fondo al contratto!

Capitolo 19

Sincerità e responsabilità

Perché i saggi danno così tanta importanza alla verità? La verità relativa è un riflesso in natura della Verità assoluta trascendente, *Brahman*. Noi mentiamo per proteggere il nostro ego, per ottenere qualcosa.

L'ego è la negazione stessa della Verità suprema, copre la Verità e ci fa sentire come se fossimo delle entità separate. L'ego è una grande menzogna. Rispettando la verità, riduciamo parte dell'ego e progrediamo spiritualmente.

Non ci può essere nessuna eccezione a questa regola quando ci relazioniamo con Amma, non dovremmo dirle nemmeno un bugia a fin di bene. Mentire è molto naturale per gli esseri umani, lo fanno sempre per cercare di fare una buona impressione e di nascondere i propri errori. Tale comportamento è dettato dall'ego. Forse non esiteremmo a mentire neppure davanti alla Verità incarnata nella forma di Amma. È impossibile ingannarla e non possiamo nemmeno esagerare le cose con lei. Amma sa sempre com'è in verità una persona o una situazione. Invece di fare una bella figura, finiamo per avere la peggio se ingigantiamo le cose e le mentiamo. Un tale modo di agire dimostra la nostra mancanza di fiducia in lei, uccide la nostra innocenza e devozione e rivela che siamo più devoti al nostro ego che a Dio; l'innocenza cede il posto alla disonestà. Dobbiamo fare molta attenzione a non comportarci con Amma come agiamo "nel mondo".

Alcuni avvocati potrebbero avere qualche dubbio e chiedersi come continuare la loro professione dopo aver letto tutto questo. Un giorno un avvocato fece questa domanda ad Amma: "Amma, qual è la nostra sorte? Noi avvocati siamo costantemente implicati in processi, litigi, bugie, ecc.". Amma rispose:

"Questo non è un problema, figlio: è il *dharma* (dovere) di un legale difendere il suo cliente in un processo; non c'è nulla di sbagliato. Un avvocato sta solo facendo il proprio dovere quando difende un criminale. Ciò nonostante, cerca di accettare solo cause giuste, per quanto ti è possibile. Il difensore non si macchia di un peccato se un malvivente viene salvato grazie alla sua arringa. Il colpevole è solo assolto dalla giustizia umana, ma non può sfuggire al tribunale di Dio. Ognuno deve raccogliere i frutti delle proprie azioni.

Come qualsiasi altra persona, anche un avvocato può intraprendere il cammino spirituale e abbandonare la vita nel mondo quando si risveglia in lui il vero distacco (*vairagya*). Nel frattempo, deve compiere il proprio *dharma* (*svadharma*) dedicando a Dio ogni cosa. In passato regnava unicamente la verità e tutte le famiglie conducevano una vita onesta. Anche un servo non si sarebbe mai allontanato dalla verità neppure se gli avessero offerto milioni. Se resti fedele alla verità, ogni cosa ti sarà data. Senza la verità, nulla di buono può esistere. La verità è tutto. La verità è Dio".

L'altra qualità che Amma ci chiede di sviluppare è il senso di responsabilità. Ne parla per esperienza diretta. Amma ha sempre agito in modo responsabile e, sebbene viva su un piano eccelso che trascende la consapevolezza corporea e non sia attaccata a nessuno, svolge sempre quello che ritiene suo dovere. Prima che fosse fondato l'ashram, si occupava della famiglia e di altri suoi parenti, seppure a costo di grandi fatiche. Quando il padre fu ricoverato in ospedale, anche se Amma stava già dando il darshan in *Krishna Bhava*, continuava a svolgere tutti i lavori di casa, oltre a cucinare per lui e a portargli i pasti in ospedale, distante trentacinque chilometri. Per andare alla fermata dell'autobus nel villaggio, doveva passare accanto a molta gente che la insultava o le lanciava persino dei sassi e la scherniva gridando: "Ehi Krishna, ehi Krishna!". Eppure tutto questo non le impedì mai di fare il suo dovere.

In tutta la sua vita, Amma ha sempre adempiuto al suo dovere verso l'umanità con compassione, senza curarsi delle sofferenze a cui sarebbe andata incontro. È sempre stata consapevole del suo dovere, secolare o spirituale. In lei possiamo vedere l'espressione completa degli insegnamenti del *karma yoga*: compiere il proprio dovere e abbandonare i frutti a Dio ed essere sempre pronti a morire facendolo.

Amma sente che la sua vita ha il fine di offrire conforto alle anime incarnate (*jiva*), portandole sulla via della liberazione dal ciclo di nascita e morte, e prende questo compito talmente sul serio da sottoporre il proprio corpo a un logorio e a una sofferenza inimmaginabili, oggi più che mai. Come noi tutti sappiamo, non è affatto insolito che rimanga seduta ininterrottamente per diciotto ore o più ad accogliere chi viene da lei per essere consolato.

Amma ci esorta a compiere regolarmente la *sadhana*, ma ci chiede anche di santificare la nostra vita quotidiana. Se non lo facciamo, non potremo trovare la pace mentale. La pace acquisita durante la *sadhana* deve impregnare anche la nostra quotidianità. Dopotutto, è la vita di ogni giorno che ci porta a distrarci così tanto. Dobbiamo trovare il modo di pensare a Dio in ogni momento.

La donna a cui fu consigliato di vedere Dio nel suo nipotino

Una vecchia signora si recò da un *mahatma* con il nipote e gli chiese se era bene per lei lasciare la famiglia e andare a vivere a Brindavan, il luogo dove il Signore Krishna visse la Sua infanzia, per dedicarsi alle pratiche spirituali. Era giusto che spezzasse tutti i legami con la famiglia?

Il saggio rispose: "Ascolta attentamente. Chi è che ti guarda con gli occhi di tuo nipote? Quale forza, quale energia emana da ogni poro del suo corpo?".

"Dev'essere Dio, non c'è dubbio", disse la donna.

"Quando vai a Brindavan, dovrai onorare giorno e notte una forma del Divino, l'immagine di Sri Krishna. Il corpo di questo bambino non è pure un'immagine di Krishna come quella di pietra a Brindavan?" chiese lo swami.

La donna restò per un istante sconcertata, ma poi pensò che il santo aveva ragione. Perché andare a Brindavan quando poteva onorare Dio nel corpo del nipotino? Non era Dio che guardava attraverso i suoi occhi, parlava servendosi della sua bocca e permetteva a tutto il suo corpo di funzionare?

Sembrava una cosa abbastanza facile, ma poi ecco che arrivò l'inghippo. Il santo le disse: "Non dovrai più considerare il bambino come tuo nipote, non devi più avere nessun rapporto con lui. Devi considerarlo come il Signore e troncare ogni legame terreno e senso di parentela con tuo nipote. L'unico legame sarà tra te e Dio in questo bambino. Riversa tutto l'amore del tuo cuore su Dio in questa forma. Questa è la vera rinuncia".

Amma non ci chiede di rinunciare al mondo. Lei ci chiede di abbandonare gli attaccamenti e i legami intrecciati nel mondo. L'amico, la moglie e il marito non dovrebbero essere più considerati come tali. Dovremmo vedere solo Dio in tutti. Occorre persino rinunciare ai sentimenti negativi che proviamo per i nemici e le persone malvagie e vedere il Divino in loro. La nostra visione ordinaria delle cose dev'essere trasformata nella Visione di Dio in tutto. Ogni rapporto personale va sublimato ponendolo al livello di un rapporto universale con Dio. Amma incarna totalmente questa verità ed è il miglior esempio da seguire.

Amma dice:

> "Avendo ottenuto una forma umana, dovremmo elevarci verso il Divino. Dovremmo abbandonare il nostro sé individuale a Dio e diventare così perfetti. Figli, nulla è impossibile a *maya*. Non cadete nel flagello chiamato *maya*. Non diventate vittime dell'illusione per poi lamentarvi. Liberate la mente dalle sue grinfie".

È dopo molte, molte vite come forme inferiori che otteniamo infine un corpo umano e ci viene offerta dal Creatore la possibilità di unirci a Lui. In effetti la meta finale, il vero scopo dell'evoluzione, è di unirsi al Creatore, a Colui che ha dato origine all'evoluzione. Amma e le Scritture ci dicono che non potremo mai essere veramente felici se non avremo realizzato la nostra unione con il Creatore. Per quanto vasto e magnifico, il creato non potrà mai colmare il pozzo senza fondo del nostro anelito a una felicità infinita, squisita e sempre nuova.

Oru nimishm engilum (Per un solo istante) è un *bhajan* molto noto cantato da Amma. Ecco le parole:

"O uomo che cerchi la felicità in questo mondo, il tuo animo è in pace sia pure per un attimo?

Senza avere compreso la Verità, insegui l'ombra di *maya* (l'illusione). Andrai incontro alla stessa sorte della falena abbagliata dalla luce della vivida fiamma.

Evolvendoti gradualmente attraverso numerose incarnazioni come verme, rettile, uccello e altri animali, sei diventato un essere umano. Quale altro scopo ha la vita umana se non realizzare il Sé?".

Abbandona la lussuria, l'orgoglio e l'avidità. Rifiuta una vita basata sull'illusione e trascorri la tua esistenza cantando la gloria del *Brahman* supremo. La realizzazione di Dio è un tuo diritto di nascita, non sprecare questa vita preziosa.

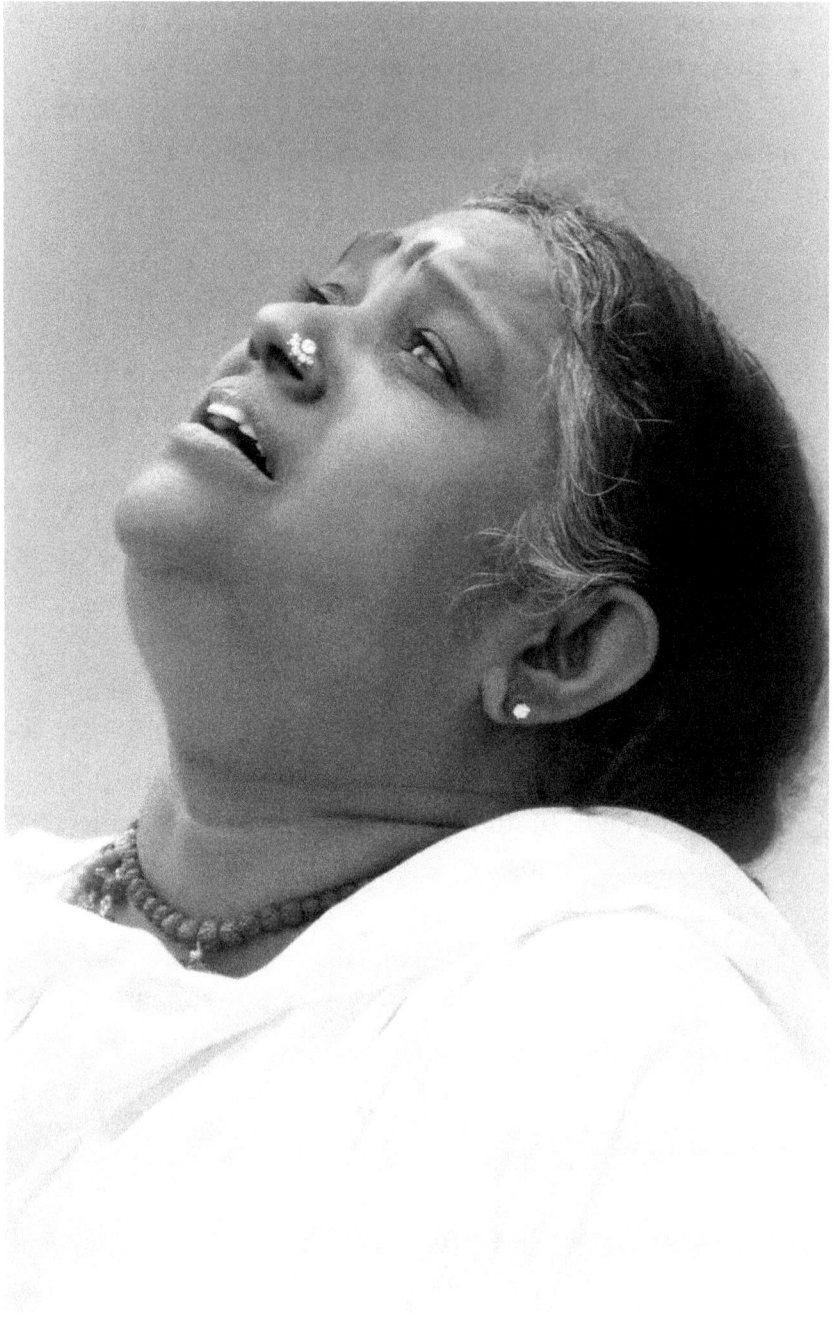

Capitolo 20

L'essere umano, la gloria del Creato

Intuizione e istinto

Le Scritture dell'India ci dicono che tra tutti gli esseri viventi solo l'uomo è dotato di discernimento e questo lo rende superiore a tutti gli altri. All'udire questa verità, agli animali della foresta vennero dei dubbi. L'astuta volpe si irritò quando seppe della glorificazione dell'essere umano e della sua posizione elevata nella creazione divina e si disse: "Sono in qualche modo meno intelligente dell'uomo? O lui è più scaltro di me quando vuole ingannare gli altri? È un essere vivente proprio come me. In effetti io ho più spirito di adattamento: non indosso vestiti costosi e non li cambio ad ogni stagione; sopporto pazientemente il caldo e il freddo, non desidero un ombrello per ripararmi dalla pioggia né un paio di occhiali da sole in estate per proteggere gli occhi dalla luce abbagliante. Non chiedo un'auto né ho bisogno del treno per spostarmi. Poiché noi animali possediamo tutte queste nobili qualità e molte altre ancora, perché l'essere umano dovrebbe essere considerato superiore? Farò in modo che questa ingiustizia finisca".

La volpe percorse tutta la foresta invitando gli altri animali a unirsi a lei e riuscì a radunarne un certo numero. A quel punto si recarono tutti dall'elefante. Nella sua saggezza, l'elefante disse: "Fratelli, non c'è dubbio che ci sia una parte di verità in ciò che dite. Andiamo da un altro abitante della foresta a chiedere la sua opinione. C'è un saggio che vive là, in quella casetta. Andiamo da lui e sottoponiamogli la questione".

Tutti furono d'accordo con la proposta dell'elefante.

"Swami, lei mi conosce bene", abbaiò il cane, "Io sono il simbolo della gratitudine. Se un uomo mi picchia mille volte e mi dà qualche boccone di cibo una volta, gli sono grato per tutta la vita e sono pronto a offrire la mia vita servendolo. Ma l'essere umano dimentica le mille cortesie che gli hanno reso e ricorda il solo torto che una volta l'amico può avergli fatto. Ignorando completamente l'aiuto ricevuto, è pronto a uccidere amici e parenti se involontariamente lo offendono una volta. Come si può dire allora che sia superiore alle bestie?"

La mucca si lamentò dicendo: "L'uomo mi porta al pascolo. Talvolta mi dà un po' di fieno o della pula, e in cambio io gli do il mio latte nutriente. Capita che arrivi perfino a far morire di fame i miei piccoli per nutrire se stesso e la sua famiglia. Mentre nutro lui e la sua famiglia, mi fa vivere in un luogo sporco e nauseabondo nel retro della sua casa. Quando non ho più latte, vengo maltrattata e ignorata. Quando sono vecchia, vengo scacciata o portata al macello. Questo è l'uomo che lei esalta fino alle stelle. La prego, mi dica perché".

Fu allora la volta del corvo: "L'uomo ha forse questa mia qualità? Se mi gettano una briciola di pane, gracchio e chiamo i miei fratelli e le mie sorelle per condividerla con loro. L'uomo fa invece il contrario: per quanto possa avere, continua ad accumulare e giunge perfino a togliere di bocca il pane al suo vicino. Com'è possibile che l'essere umano, così egoista e avido, sia posto sopra di me?".

Il pesce mormorò: "Venerabile, non posso dire che l'uomo mi sia inferiore, ma affermo che è proprio stupido! Non gli faccio alcun male, in effetti lo servo tenendo puliti gli stagni, i bacini d'acqua, i laghi e i fiumi. Mangio i rifiuti che butta nell'acqua, ma invece di proteggere un simile benefattore, questo stupido mi cattura, mi uccide e mi mangia! Lei considera questo sciocco superiore a me?".

Ragliando, il mulo rincarò la dose: "Il pesce ha proprio ragione. Guardi la mia miserabile sorte: sono una bestia da soma, nota per avere la divina qualità della pazienza. Sopporto pazientemente gli insulti e le ingiurie e senza il mio aiuto le persone che vivono in collina morirebbero perché non avrebbero il necessario per vivere. Io porto loro cibo e altre cose e cosa ricevo in cambio? Bastonate e ancora bastonate! Quest'uomo è quindi superiore a me?".

"Ditegli tutto, amici, parlategli delle vostre qualità e prodezze sovrumane", intervenne l'astuta volpe.

"Signore", disse il daino, "la pelle su cui siede per meditare su Dio appartiene alla mia specie. Ha mai sentito dire che la pelle degli esseri umani serva a qualcosa? Se vogliamo parlare della bellezza, gli occhi di una damigella sono spesso paragonati ai miei e le mie magnifiche corna adornano i salotti dell'uomo".

"E analogamente", disse il pavone, "le mie piume sono così incantevoli che il Signore Krishna le infilò nel Suo turbante. Io sono la cavalcatura del dio Shanmukha e molti dei suoi devoti utilizzano le mie piume come bacchette magiche per scacciare gli spiriti maligni. Nessuno ha mai sentito dire che la pelle o i capelli degli esseri umani possono essere usati allo stesso scopo".

"Tutti i miei escrementi sono considerati sacri e molto purificanti", esclamò la mucca, "Il *panchagavya* è un elemento indispensabile nei rituali sacri dell'uomo. Anche il solo nominare gli escrementi degli esseri umani fa venire loro voglia di vomitare e il più piccolo contatto con le loro feci dev'essere seguito da un lavaggio accurato e prolungato".

"C'è forse un uomo che possa vantarsi di avere un olfatto così straordinario come il mio?", chiese il cane.

"C'è forse un uomo che possa vantarsi di una vista così straordinaria come la mia?", domandò l'aquila.

"C'è forse un uomo che sappia vedere di giorno e di notte con la mia stessa facilità?", disse il gatto.

"Io posso compiere grandi imprese, il mio corpo è enorme e vi sono moltissime storie che parlano della mia intelligenza. Le mie zanne e le mie ossa vengono trasformate in statue e idoli magnifici. Sia cortese, mi spieghi perché l'uomo è considerato superiore a noi. Sono d'accordo con tutte le argomentazioni dei miei fratelli, ma ho la sensazione che debba esserci una ragione che giustifica l'affermazione delle Scritture", disse l'elefante.

Tutti gli animali attesero pazientemente la risposta del saggio, che dichiarò: "Ascoltate, amici della giungla! Tutto quanto avete detto è vero, ma Dio ha dato all'uomo l'occhio del discernimento con cui distinguere tra il giusto e l'ingiusto, la verità e la falsità, il bene e il male. Voi siete governati dall'istinto. L'uomo può accedere all'intuizione, controllare i suoi istinti e, grazie all'intuizione, giungere a Dio".

"E se non ci riesce?", chiese l'astuta volpe.

"In questo caso, è peggio di una bestia. Ma se ci riesce, è di gran lunga superiore a tutto quello che esiste nel creato", affermò il saggio.

Questa risposta tranquillizzò gli animali, che si allontanarono soddisfatti.

Il sogno americano

Molti pensano che vivere "il sogno americano" li renderà felici. Cos'è esattamente il sogno americano? Esistono molte definizioni, ma sembrano tutte ridursi a questa: una serie di ideali nei quali la libertà offre la possibilità di conseguire prosperità e successo, compiere un'ascesa sociale per la famiglia e i figli attraverso il duro lavoro, in una società con poche barriere.

Persino negli Stati Uniti, molti adolescenti capiscono come questo sogno americano sia vuoto: una bella casa, un lavoro, un'auto e altri piaceri materiali, e poi? Si rendono conto che le buone relazioni sono più importanti di qualsiasi oggetto materiale.

Il problema di questa analisi è che non va abbastanza lontano perché persino i rapporti possono inasprirsi e diventare vuoti e dolorosi. Naturalmente Amma è d'accordo nel ritenere la ricchezza materiale e i piaceri oggettivi importanti nella vita. Guardate tutte le sue opere caritatevoli, che cercano di provvedere ai bisogni di base e offrire opportunità alle persone per vivere felici. Ma Amma dice anche che solo la relazione con Dio soddisferà l'aspirazione del cuore dell'uomo alla felicità. Più ci si avvicina a Dio, più si gusta la beatitudine e la pace divina. Questa è l'esperienza di tutti i devoti nel corso dei secoli.

Sia in passato che nella nostra epoca, i *mahatma* affermano che, quando l'anima si avvicina alla fine del suo viaggio attraverso il ciclo di nascite e morti, sviluppa un'avversione per il mondo. Tale disgusto finisce per condurla alla devozione a Dio. Sembra essere una legge della natura che, in quel momento, si incontri un Guru che ci mostri come svegliarci dall'illusione universale. Cosa ci spinge all'infinito nel ciclo di nascite e morti? *Maya* vela il Creatore e proietta la creazione,

rendendoci ciechi alla nostra vera natura - l'anima immortale - e ci fa credere di essere il corpo perituro.

Amma ripete costantemente che non dovremmo essere soddisfatti dello status quo. Dobbiamo cercare la compagnia di anime risvegliate, in modo da non essere più appagati da *maya* e sforzarci di risvegliarci. Il proverbio che dice "Chi si somiglia si piglia" è proprio vero.

Il grande saggio Adi Shankaracharya, il cui insegnamento sull'*Advaita Vedanta* (o non dualità) è stato fatto proprio da Amma e da altri *mahatma* contemporanei quali Ramana Maharshi, scrisse molti inni a carattere devozionale e filosofico, basati sull'*Advaita*. In uno di essi, il *Bhajagovindam*, ci parla della grandezza dello stare in compagnia dei santi.

Satsangatve nissangatvam
Nissangatve nirmohatvam
Nirmohatve nishchalatattvam
Nishchalatattve jeevanmukti

"La compagnia dei saggi ci allontana dai falsi attaccamenti e quando l'attaccamento svanisce si è liberati dall'illusione. Quando l'illusione ha fine, la mente diventa ferma e stabile; tale mente ci permette di giungere alla liberazione mentre si è ancora in vita (*jivanmukti*)".

Adi Shankaracharya, *Bhajagovindam*

L'autore ci dice che non è possibile attraversare il *samsara*, l'oceano della vita e della morte, senza l'aiuto di Dio.

Punarapi jananam punarapi maranam
Punarapi janani jathare shayanam

Iha samsare bahudustare
Kripayapare pahi murare

"Ancora e ancora si nasce,
e ancora e ancora si muore,
e ancora e ancora si dorme nel grembo materno.
O Signore, aiutami ad attraversare
questo oceano invalicabile e infinito della vita".

Maya ci rende simili a pecore: per la maggior parte del tempo facciamo ciò che fanno gli altri. Sono rari quelli che pensano a qual è lo scopo ultimo delle proprie azioni. La morte e la compagnia dei saggi ci scuotono dal nostro sonno e ci fanno riflettere profondamente sulla vita.

Swami Vivekananda e uno studente

Mentre Swami Vivekananda era sulla nave che l'avrebbe portato per la seconda volta negli Stati Uniti, incontrò uno studente indiano che stava andando in America per proseguire gli studi a un livello superiore. Il giovane aveva un aspetto molto elegante e si comportava arrogantemente poiché a quel tempo erano poche le persone che si recavano all'estero. Lo swami pensò che era giunta l'ora di insegnargli i veri valori.

Così, una sera, quando si incontrarono sul ponte, Swamiji chiese allo studente:

"Figlio, per quale motivo vai in America?".

"Per i miei studi superiori, signore. Mi richiederanno quattro o cinque anni".

"E poi?"

"Ritornerò in India. Sono certo di ottenere un ottimo lavoro e di guadagnare molto denaro".

"E poi?"

Lo studente era sorpreso. Lo swami era così ignorante da non conoscere il valore del denaro?

"Poi, signore, sarò l'uomo più fortunato. Tutti i padri con una figlia in età da marito verranno a propormi la loro figlia in sposa. E io potrò dettare le condizioni e sposare quella che preferirò".

"E poi?"

Lo studente era irritato da tutte queste domande, ma non lo diede a vedere. Tuttavia rispose con impazienza:

"Poi, signore, andremo a vivere insieme e avremo dei bambini. Diventerò un funzionario molto importante, possederemo una villa e una macchina. I miei bambini riceveranno la migliore educazione e tutte le opportunità per fare strada nella vita. Le mie figlie faranno un buon matrimonio e i miei figli potranno anche andare all'estero a studiare e troveranno un ottimo impiego".

"E poi?"

Ora il giovane era certo che lo swami si stesse prendendo gioco di lui. Lo guardò per vedere la sua espressione, ma quell'uomo non mostrava nessuna emozione. Così, sempre più irritato, il ragazzo rispose:

"Signore, quando i miei figli si saranno sistemati nella vita, io sarò prossimo alla pensione. Mi farò costruire una casetta nel mio villaggio e vivrò confortevolmente con una buona pensione".

"E poi?"

Questa volta lo studente perse il controllo e ribatté con rabbia:

"Ma cosa sono tutte queste domande? Cosa c'è da dire ancora? Poi morirò!".

Lo swami sorrise con calma e disse:

"Se è unicamente per guadagnare del denaro, mangiare, fare dei figli e poi morire un giorno, qual è il valore della vita umana? Anche gli animali non fanno lo stesso senza andare a studiare all'estero? Gli uccelli non fanno lo stesso senza andare a scuola? I pesci non fanno lo stesso senza grandi stipendi e ville? La nascita e la morte sono comuni a tutti gli esseri. È senza dubbio importante vivere decorosamente, ma si dovrebbero sempre avere nobili ideali. Si può certamente possedere denaro e occupare una posizione sociale elevata, ma tutto questo ha valore solo se lo si mette al servizio degli altri".

Lo studente provò vergogna e da quel giorno prese la decisione di condurre una vita utile, al servizio della società. Naturalmente, se lo swami avesse potuto trascorrere più tempo con quel giovane, a poco a poco avrebbe sicuramente orientato la sua mente verso pensieri più spirituali e obiettivi più nobili, come fa Amma.

Quando perdiamo un oggetto, cosa facciamo per ritrovarlo? Continuiamo a pensarci finché non ci viene in mente dove l'abbiamo messo. Allo stesso modo, Amma ci dice che abbiamo "perso" Dio in mezzo a tutte le nostre occupazioni e proprietà; in altre parole, nel mondo. Per trovarLo, dobbiamo sempre averLo in mente. Ricordiamoci anche che Lui è in noi, nascosto dai nostri infiniti pensieri ed emozioni. TrovarLo dentro di noi è la gioia più grande, la fine di tutte le sofferenze, l'inizio della beatitudine suprema.

Vi sono molti modi per rammentare il Divino: la meditazione, il *japa*, i *bhajan*, il *seva* e così via. Tuttavia alcuni rari devoti hanno la grande fortuna di essere contemporanei di un'Anima divina. Gli *Yoga Sutra di Patanjali* affermano che pensare a un *mahatma* sia una forma molto naturale ed efficace di meditazione, che purificherà la mente irrequieta. Grandi Anime come Krishna, Rama, Buddha, Gesù e Sri Ramakrishna, hanno attratto innumerevoli anime grazie al loro magnetismo divino, e molte anime hanno ottenuto la purezza mentale e trovato Dio grazie alla compagnia di questi *mahatma*.

Analogamente, noi siamo benedetti dalla presenza divina di Amma e le nostre possibilità di trovare Dio sono le stesse di quelle anime benedette. Occorre però svuotare la mente da tutte le preoccupazioni mondane e colmarla del pensiero di Dio o del Guru. Un giorno avremo la rivelazione interiore che il Guru è dentro di noi ed è il nostro amatissimo Sé.

Per gli abitanti di Brindavan, le *gopi* e i *gopa*, era naturale provare questa devozione per il Signore Krishna. Dietro a tutte le azioni della loro vita quotidiana c'era sempre il pensiero di Krishna. Per rafforzare la loro fede e devozione, il Signore compì molti miracoli, piccoli e grandi.

I *sadhak* più evoluti non hanno bisogno di miracoli o di rassicurazioni sulla natura divina del loro Guru e sono in grado di percepire costantemente la pace e la beatitudine profonde che irradiano dalla sua persona. Ma, a volte, il resto di noi comuni esseri umani ha bisogno di una prova. Se siamo vigili, ci accorgeremo a poco a poco dei frequenti miracoli che accadono sotto i nostri occhi per grazia di Amma. Per vedere le cose sotto questa luce dobbiamo accettare tutto come sua grazia, ciò che è piacevole come ciò che è doloroso.

Esaminate attentamente la vostra vita. Amma è sempre con voi per insegnarvi e attirare a sé la vostra mente. Non abbiate paura. Siate coraggiosi e abbiate fede nelle sue parole: "Figli, io sono sempre con voi!".

Amma è con noi, adesso, e lo sarà per tutta l'eternità.

www.ingramcontent.com/pod-product-compliance
Lightning Source LLC
LaVergne TN
LVHW051554080426

835510LV00020B/2980